SAPEURS-POMPIERS

FRANÇOIS BERTIN

SAPEURS POMPIERS

TECHNICIENS DU RISQUE ET DE L'URGENCE

Préface du lieutenant-colonel Daniel ORY
Président de la Fédération nationale des sapeurs-pompiers de France.

Editions OUEST-FRANCE

Préface

Accompagnant depuis longtemps l'histoire des hommes, les sapeurs-pompiers sont professionnels ou volontaires. Les uns ont fait de leur passion un métier et les autres sont de simples citoyens qui ont une passion à côté de leur premier métier.

François Bertin connaît cette passion et sait aussi qu'en France comme ailleurs, la plupart des habitants ignorent tout des sapeurs-pompiers. En fait, ils ne se font que peu de soucis car ils savent qu'en cas de danger, ils viendront…

L'auteur nous propose donc une rencontre avec ces hommes et ces femmes qui, professionnels ou volontaires, sont devenus au fil du temps, des techniciens du risque et de l'urgence. Elle se fait sous la forme d'un ouvrage magnifiquement illustré et très bien ordonné.

S'ouvrant sur l'histoire, il emprunte à la mémoire pour rappeler les dates essentielles qui ont conduit les sapeurs-pompiers à s'organiser pour lutter d'abord contre le feu. Il entre aussi dans l'histoire technique avec l'arrivée de la pompe à bras puis avec celle de la pompe à vapeur.

La suite de l'ouvrage est thématique. François Bertin prend en effet le parti d'amener aux lecteurs des informations claires et précises qu'il présente « à la façon d'un dictionnaire ». C'est ainsi que le deuxième chapitre commence tout simplement par les modes de recrutement et l'importance de ces formations qui vont avec la réussite des interventions. Il se termine avec les CTA et les CODIS, outils indispensables pour organiser les secours à l'échelle des départements.

Ensuite, l'auteur entre dans les missions que la société confie aux sapeurs-pompiers en les organisant autour de quatre grandes familles avec la lutte contre le feu, le secours routier, les secours d'urgence et les interventions spécialisées. L'iconographie illustrant cette partie de l'ouvrage permet de « comprendre » les véhicules, les engins et les équipements individuels. Elle est accompagnée de textes précis qui en montrent à la fois les performances opérationnelles et les qualités techniques.

Naturellement, les photographies retenues s'appuient sur le modernisme industriel qui devrait accompagner tous les sapeurs-pompiers lors de leurs interventions. Ici, l'ouvrage se lit comme un « catalogue ».

Les sapeurs-pompiers étant universels, François Bertin a retenu quelques illustrations empruntées au monde entier. C'est un agréable clin d'œil à ces femmes et à ces hommes qui sont partout animés de la même passion.

Naturellement, il n'oublie pas de rappeler la naissance de la Fédération des sapeurs-pompiers de France. C'était en 1881…

Enfin, il a une pensée pour « la cohorte de ceux qui portent dans leur chair ces notions de courage et de dévouement qu'ils ont choisies comme éthique de vie ».

J'invite le lecteur à lire ce très beau livre.

Il donne une belle image des sapeurs-pompiers et de leur engagement…

Lieutenant-colonel Daniel ORY
Président de la Fédération nationale
des sapeurs-pompiers de France

Dräger

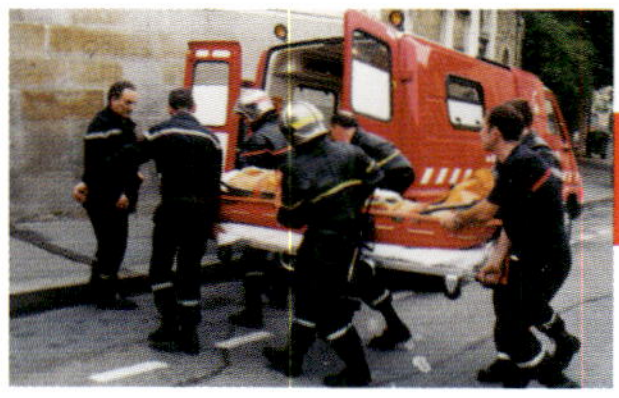

SOMMAIRE

CHAPITRE 1 10
LA GUERRE DU FEU

CHAPITRE 2 26
LES TECHNICIENS DU RISQUE

CHAPITRE 3 44
LA LUTTE CONTRE LE FEU

CHAPITRE 4 86
LE SECOURS ROUTIER

CHAPITRE 5 100
ASSISTANCE ET SECOURS

CHAPITRE 6 112
LES INTERVENTIONS SPÉCIALES

CHAPITRE 7 126
UN ESPRIT UNIVERSEL

CHAPITRE 1

LA GUERRE DU FEU

Pendant presque un millénaire, la lutte organisée contre l'incendie sera la première et quasiment unique mission de ceux qu'on appelle alors les « soldats du feu ». Gardes-pompes puis sapeurs-pompiers ont assuré cette lourde tâche avant de devenir, à l'aube du IIIe millénaire, les « techniciens du risque ».

LA GRANDE HISTOIRE DES SAPEURS-POMPIERS

Au temps des Romains

Les premiers « sapeurs-pompiers » organisés furent à priori les « aediles incendiorum exstinguendorum » qui officiaient dans la Rome antique. Sous ce nom savant, où apparaissent les mots « incendie » et « extinction » se cachent les premiers personnels chargés d'effectuer dans l'Antiquité, des rondes la nuit pour prévenir les incendies. Plus tard, l'empereur Auguste, soucieux de la tranquillité et de la sécurité de ses sujets à Rome, porte à 2 000 hommes, regroupés en une légion, le contingent chargé de cette mission. Chacune des sept cohortes qui composent la légion se voit attribuer un des quartiers de Rome dont il a la responsabilité dans la prévention des incendies. Cet exemple d'organisation sera suivi par de nombreuses villes importantes de l'Empire romain. Au Moyen Age, peu de cités ont conservé ce type de vigilance quand l'empereur Charlemagne décide d'imposer aux villes les plus importantes la réquisition d'un certain nombre d'habitants à qui l'on confie la mission d'effectuer des rondes de nuit dans la ville.

Au XIIIe siècle, le « guet bourgeois »

En 1254, dans le but de rendre les rues encore plus sûres, et de lutter efficacement contre les incendies, le roi Louis IX crée le guet bourgeois, encore appelé « guet des métiers » puisque confié aux corporations le plus représentatives de la capitale et pouvant mettre leurs techniques professionnelles au service de la lutte contre le feu. On y trouve donc des maçons, des charpentiers, des couvreurs… Les incendies sont nombreux et prennent souvent des proportions dramatiques, compte tenu des procédés de construction de l'époque et des matériaux employés tels le bois et le chaume.
En 1524, une ordonnance de François Ier réglemente les obligations des quarteniers, magistrats de la ville de Paris chargés de la lutte contre les incendies. Faute de moyens efficaces, cette lutte fait souvent appel à la technique de la « part du feu » qui consiste à abattre des habitations au moyen de crocs et de grappins pour empêcher la progression des flammes.
Il faut bien avouer que les moyens techniques employés pour la lutte contre le feu se limitent à des éponges humides fixées au bout de perches en bois, et de seaux que l'on vide sur le foyer en faisant la chaîne. Des seringues en bois et en métal sont quelquefois employées, la précision palliant la quantité d'eau. Dès 1371, l'ordre est donné aux habitants de disposer un cuveau plein d'eau à la porte de leur maison. Outre les ouvriers et artisans du bâtiment dont on utilise les compétences particulières, il est souvent fait appel aux moines des ordres mendiants et plus curieusement aux prostituées. En effet, celles-ci ont le principal avantage dans l'organisation des secours d'être à demeure chez elles et donc de pouvoir être immédiatement réquisitionnées pour faire la chaîne. Cet usage sera formellement établi par un arrêt royal en 1472. Pour les moines, leur respect de la hiérarchie, leur esprit de sacrifice sont des atouts importants.
Aux xvie et xviie siècles, la garde et l'entretien du matériel d'incendie sont dévolus aux notables de la ville, les échevins, qui faisaient fonction de magistrats et les quarteniers, personnels communaux qui assuraient la police des quartiers.

Une lente évolution

L'invention qui pourrait révolutionner la lutte contre les incendies a du mal à faire sa percée. Cette innovation technique, c'est la pompe à bras. Bien que n'étant alors que refoulante et pas encore aspirante — on doit remplir la bâche, c'est-à-dire le réservoir de la pompe avec des seaux — elle s'avère beaucoup plus efficace contre les flammes que l'utilisation des seaux de bois ou d'osier. Son principal handicap reste sa faible portée et le fait qu'on ne peut l'approcher au plus près des flammes, les tuyaux souples n'étant pas encore inventés. On continue donc de faire la chaîne pour vider son seau dans le bac de la pompe. L'invention est perfectionnée par l'Allemand Hans Hautsch qui la dote de tuyaux souples et améliore le mécanisme de la pompe qui devient alors aspirante-foulante. C'est à un Hollandais, Johan Van der Helde, que l'on doit la notoriété de l'invention qui commence à équiper les grandes villes du royaume.

Une intervention décisive

En 1699, un homme aux idées commerciales d'avant-garde, François du Mouriez du Périer, s'intéresse de près à cette invention. Il sollicite une entrevue avec le roi Louis XIV qui, gagné par ses arguments, lui confie par lettres patentes le « monopole » de la fabrication et de la commercialisation sur tout le royaume « des pompes portatives pour empêcher les incendies ».

Pompe à bras équipée d'une lance montée sur un tuyau souple. Elle devait être remplie d'eau au moyen du seau placé en arrière plan.

Le premier corps de pompiers de Paris, appelé « gardes-pompes », est créé en 1716 et, six ans plus tard, du Mouriez du Périer reçoit le titre de directeur général des pompes. Les nouveaux gardes-pompes, bien entraînés et équipés, assurent leur mission de service public gratuitement. La précision est importante car jusqu'à présent les interventions des secours étaient payantes. Le 11 mars 1733, pour lutter contre les retards souvent aux conséquences dramatiques, pris dans les déclenchements des alertes et dus à cette obligation de payer, le roi décide que les secours contre l'incendie seront désormais gratuits.

En 1765, le roi Louis XV se préoccupe de la protection des gardes-pompes et recommande l'usage du casque. L'évolution des mœurs et des habitudes prend du temps et l'usage du port du casque ne se répandra que très lentement. La Révolution conservera nombre des dispositions pratiques de l'Ancien Régime qui organisaient les corps de « gardes-pompes ». Seul, le principe d'une hiérarchie basée sur la noblesse disparaît au profit de l'évaluation de la capacité à commander. Le 24 août 1790, est promulguée la loi faisant obligation aux communes de prendre des mesures de protection contre les incendies.

1810, les sapeurs de la Garde impériale

Le 2 juillet 1810, il y a foule à l'ambassade d'Autriche où le prince Schwartzenberg reçoit toute la haute société parisienne. Un début d'incendie mal maîtrisé par les gardes-pompes présents et c'est le drame avec plusieurs morts et de nombreux blessés dont des personnalités impériales. Présent sur les lieux, Napoléon Ier, furieux du manque de professionnalisme des gardes-pompes dont la fonction est un héritage direct de la Révolution, décide de confier la sécurité de l'ensemble des bâtiments impériaux aux sapeurs de sa Garde impériale. Décision immédiatement entérinée par le décret du 18 septembre 1811 qui réorganise totalement le service de lutte contre l'incendie de Paris. Désormais, la sécurité incendie de la capitale est confiée exclusivement aux militaires. C'est de cette même époque que date l'appellation impropre de « sapeurs-pompiers ». Elle est héritée des périlleuses missions de sape — c'est-à-dire de travail de terrassements dans les attaques et les sièges de ville — dont étaient chargés les soldats du génie.

Casque du type monarchie de Juillet (1830). Malgré sa beauté, ce casque est un casque de sapeur, celui-ci n'étant pas doré. Pour combattre l'incendie, on retirait bien sûr chenille et aigrette.

Sabre de sapeur porte-hache
Le sapeur porte-hache était aussi appelé sapeur à barbe. Ce sabre, bien dans le style du premier Empire, est abondamment décoré. Le pommeau porte une tête de coq et la garde est à mufle de lion avec des têtes de lionceaux à ses extrémités.

Ce glaive d'inspiration modèle 1816, est remarquable par ses décorations spécifiques aux sapeurs-pompiers. La garde est marquée « sapeur pompier » et le pommeau représente le casque à chenille avec haches croisées. Il s'agit là d'une pièce très rare dans cette version, le glaive modèle 1816 à pommeau à fleur de lys ayant équipé de multiples unités militaires et paramilitaires.

6 février 1815, la circulaire Montesquiou

L'abbé de Montesquiou, ministre et secrétaire d'Etat de l'Intérieur du roi Louis XVIII, s'adresse aux préfets des départements par une lettre circulaire en date du 6 février 1815 et qui jette les bases d'une relative uniformisation du corps et de l'emploi des sapeurs-pompiers en France.
« Les règlements constitutifs des compagnies de pompiers sont rédigés par les maires. Ils déterminent l'objet du service, la force des corps, leur organisation sous le commandement d'un ou plusieurs chefs, leurs relations avec l'autorité publique, les conditions d'admission, le mode de désignation des pompiers et de nomination des chefs, l'uniforme, la discipline et les dépenses…
« Les compagnies sont dans l'attribution de l'autorité municipale et sous ses ordres directs. La désignation des pompiers est réservée aux maires, les sous-officiers sont nommés définitivement par le préfet sur proposition du maire et du sous-préfet. La nomination des officiers se fait également par le préfet mais elle n'est définitive qu'une fois qu'elle a été revêtue de mon approbation…
« Les conditions d'admission résultent de la nature même du service qui exige de la probité, de la force et la connaissance de la construction ou la pratique des métiers qui s'exercent sur le cuir, le bois et les métaux.
Les dépenses relatives à l'achat et à l'entretien des pompes, seaux, crocs, échelles et autres ustensiles sont portées au budget annuel.
Il serait superflu d'allouer des fonds pour achats d'armes que les pompiers ne peuvent porter ni dans les manœuvres d'essai, ni dans les incendies. La force publique doit veiller au maintien de l'ordre tandis que les pompiers n'ont à s'occuper que d'arrêter les progrès du feu et de sauver les personnes et les effets… »

1831, Garde national et… sapeur-pompier

La loi du 23 mars 1831 autorise les communes où est implantée la Garde nationale à consacrer une partie de ses effectifs à la lutte contre l'incendie. A compter de cette date, la Garde nationale possède deux corps : un corps armé chargé du service d'ordre, les « volontaires », et un corps de pompiers appelé très vite « municipal » puisque entretenu et payé par la municipalité.
A la disparition de la Garde nationale armée, comme l'impose le décret du 11 janvier 1852, les communes décident de garder leurs corps de sapeurs-pompiers. Le décret du 14 juin de la même année fixe alors les spécifications d'un uniforme commun à tous les sapeurs-pompiers de France : veste et pantalon bleus à parements rouges, casque à cimier en cuivre jaune, ceinturon de manœuvre bleu et rouge… Cette loi et toutes ses innovations encadreront les corps des sapeurs-pompiers jusqu'à la chute du second Empire.

1862, la révolution technique de la pompe à vapeur…

Si la mise au point de la machine est effective en 1862, ce n'est que quelques années plus tard, lors de l'Exposition universelle de Paris en 1867, que les sapeurs-pompiers et les élus des communes découvriront les avantages des pompes à vapeur anglaises. Le régiment de Paris se dotera d'un modèle trois ans plus tard, suivant l'exemple des villes de Mulhouse et de Bordeaux.

L'avancée technique est remarquable. Plus besoin de faire la chaîne avec des seaux pour remplir au fur et à mesure de l'opération la bâche de la pompe. Désormais, la pompe à vapeur aspire elle-même l'eau sans interruption. Et que dire de la puissance ! La pression, beaucoup plus forte et régulière obtenue à la sortie des tuyaux de refoulement, facilite et renforce l'attaque du feu. Bien sûr, les pompes à vapeur présentent quelques inconvénients auxquels il est difficile de remédier. La mise en chauffe et en pression de la machine qui nécessite de longues minutes alors que l'incendie fait rage, l'encombrement et le poids de la machine qui rendent son acheminement et sa mise en service peu aisés et les dangers d'explosion si on n'applique pas les mesures de sécurité élémentaires, sont relativement peu de choses comparées aux avantages qu'elle apporte. Mais si les grands fabricants de l'époque, Merryweather en Grande-Bretagne et Thirion en France, innovent constamment pour rendre leurs pompes plus rapides, plus puissantes et plus sûres, l'antique pompe à bras restera encore longtemps le seul moyen moderne d'extinction de nos campagnes.

… et de l'échelle

Si la pompe à vapeur permet d'attaquer l'incendie avec plus de force et plus de précision, les innovations concernant les échelles aériennes vont améliorer de façon déterminante les sauvetages et l'efficacité de l'attaque en intervenant au-dessus du sinistre. Ces innovations, on les doit en grande partie à un industriel de Nancy, Louis Gugumus, qui transforme radicalement la lourde échelle de couvreur utilisée jusqu'à présent. En la dotant d'un système léger et très fonctionnel de chariot manœuvré à la main, il permet de la déployer rapidement à près de 20 m de haut. La célèbre « Rosalie » est née.

Appareil respiratoire type Casassa fils & Cie (1893)

Sapeur-pompier en grande tenue Second Empire 1852

Suivant les communes l'ensemble de l'uniforme n'est pas toujours spécifique sapeur-pompier. Par exemple ici, le shako et le ceinturon du type Garde nationale ou d'infanterie.

Il est réglementairement armé d'un fusil modèle 1822 T bis à piston et coiffé d'un shako décoré de l'aigle impériale.

1871, les sapeurs-pompiers et la Commune de Paris

Les sapeurs-pompiers vont vivre les événements de la Commune de Paris de très près. Du 18 mars au 28 mai 1871, la capitale, encerclée par les troupes allemandes, va connaître les excès d'une insurrection généralisée. De nombreux monuments et bâtiments officiels sont incendiés. Le 28 mai 1871, le président Thiers, aidé de troupes restées fidèles, les « Versaillais », met fin à l'aventure révolutionnaire. Des sapeurs-pompiers volontaires venus de la proche banlieue et de toute la France sont appelés pour prêter main-forte au régiment des sapeurs-pompiers de Paris qui doit faire face aux multiples incendies et destructions causés par les émeutes de la Commune. Il faut dire que 500 de ses hommes, mobilisés, avaient quitté la capitale et que le gouvernement révolutionnaire de la Commune avait interdit l'extinction des incendies qui servent sa cause. Elément de trouble, puisque ayant participé directement à l'insurrection, la Garde nationale est dissoute. Certains corps des sapeurs-pompiers sont même provisoirement désarmés.

Sapeur porte-hache en tenue de parade - 1885
Hormis la Légion étrangère qui en a conservé la tradition, les sapeurs-pompiers seront les derniers à utiliser la symbolique des sapeurs porte-hache qui défilaient en tête, portant fièrement bonnet en poil d'ours, longue barbe et lourde hache. Digne héritier des sapeurs-pontonniers du général Eblé sous Napoléon Ier qui permirent le passage de la Berezina lors de la retraite de Russie, le sapeur porte-hache défile encore aujourd'hui en tête de certains corps, en Savoie notamment.

1870, dévidoirs, bouches à incendie et corne deux tons

En ce dernier quart du XIXe siècle, de nombreuses innovations techniques vont encore faciliter le travail des sapeurs-pompiers. Nous citerons par exemple, dans les années 1870, la mise en service des premières bouches à incendie de 100 mm, du raccord Kaiser et des tuyaux en chanvre et en lin qui remplacent les tuyaux de cuir riveté.

En 1882, le traditionnel et très militaire clairon qui annonçait l'arrivée des secours est abandonné au profit de la corne deux tons qui doit désormais et très réglementairement équiper l'ensemble des véhicules de secours.
Les premiers dévidoirs à bras font leur apparition en 1890, tout comme l'adoption du diamètre normalisé de 70 mm pour les tuyaux d'incendie.

1881, les premiers pas d'une fédération nationale

En 1881, est créée la « Fédération des officiers et sous-officiers de sapeurs-pompiers de France et d'Algérie » qui tient son premier congrès national à Reims l'année suivante.
Des constats précis sont établis sur les difficultés à combattre les incendies au niveau national, les pompes à bras étant encore quasiment les seuls matériels utilisés par à peine un tiers des communes de France. La fédération dynamise l'ensemble de la profession : création d'une caisse de retraite, organisation de concours de manœuvre de pompes, d'ambulances, de secours aux blessés…
En 1901, l'association, qui porte désormais le nom de « Fédération des sapeurs-pompiers français », met en place les « Compagnies de Pupilles » et, cinq ans plus tard, une société de secours mutuel.
En 1907, la fédération changera une dernière fois de nom pour prendre celui de « Fédération nationale des sapeurs-pompiers français ».

1885, les sapeurs-pompiers voient rouge…

En ce début du XXIe siècle, le texte officiel de la « Norme française » n° S 61510 est précis : la couleur extérieure de la carrosserie doit être à forte dominante rouge suivant la norme NFX08-008 (cette norme qualifie la qualité et la longueur d'onde du rouge incendie). Une couleur blanche pourra servir à contraster la forme ou la silhouette des véhicules.

Rouge, d'accord… mais au fait pourquoi rouge ?

Cette décision d'adopter — et d'imposer — la couleur rouge pour l'ensemble des véhicules d'incendie sera adoptée en 1885. Ce sont les sapeurs-pompiers de Paris — souvent précurseurs — qui décident de repeindre leurs matériels alors aux couleurs réglementaires du corps du génie, vert foncé et noir. Ils sont surpris puis conquis par la couleur rouge vermillon des pompes fabriquées outre-Manche qui viennent de leur être livrées. Conscients de leur visibilité lors des interventions et de leur impact sur la population, ils l'adoptent comme couleur officielle. L'idée sera progressivement reprise par l'ensemble des corps de l'Hexagone et désormais tous les véhicules et matériels quittent la triste livrée verte des troupes du génie pour le rouge flamboyant.

Sapeur en grande tenue - 1884
Il a reçu en dotation un fusil Remington modèle égyptien et porte son casque modèle 1855, modifié 72, orné d'un plumet rouge en plume de coq.

Clairon à tricycle -1885
La fonction du clairon était de battre le rappel des sapeurs-pompiers et d'alerter la population de l'arrivée de la pompe à bras. Il servait aussi de courrier pour la caserne.
Le sapeur clairon qui est ici en tenue d'intervention blanche, porte les galons spécifiques de la clique au col et aux manches.

1887, vers un uniforme... uniforme

L'arrêté du 17 septembre 1887 précise que désormais, les tenues des sapeurs-pompiers communaux seront réglementairement identiques à celles adoptées par leurs collègues militaires parisiens. Seule, la couleur des boutons et des galons, or pour Paris, argent pour les communaux, les distinguera. Il faut rappeler que c'est en 1831 que le port de l'uniforme était devenu obligatoire pour l'ensemble des personnels. Avant, la « débrouille » était de mise, l'identification du sapeur-pompier se faisant parfois par un brassard, voire par une simple médaille portée au revers.

1900, vers la motorisation

Avec le XXe siècle, l'automobile fait une entrée fumante et pétaradante dans la vie quotidienne et dans les corps de sapeurs-pompiers. L'engouement populaire pour la nouvelle invention gagne les casernes où les sapeurs-pompiers vont très vite voir dans l'automobile le remède aux problèmes de la traction hippomobile. Les premières autopompes font leur apparition à Paris en 1907 puis dans les grandes villes de France. Six ans plus tard, à la veille de la Grande Guerre, les véhicules des pompiers de Paris sont tous motorisés. C'est à cette même époque qu'est instituée dans la capitale la notion de « départ normal » constitué d'un fourgon premier secours, d'un fourgon-pompe et d'une échelle automobile.

Ce n'est que bien après la guerre, en 1922, que la fédération incitera fortement les communes de moyenne importance à remplacer les pompes à bras par des motopompes.

Lieutenant en tenue de sortie - 1885
Cette tenue nous permet de voir la dernière utilisation de la distinctive or pour les pompiers de province. Galons et boutons or seront désormais réservés aux pompiers de Paris, les unités de province devant s'identifier par la couleur argent.
Ce lieutenant porte avec beaucoup d'élégance le dolman noir et le hausse-col. Le modèle de casque n'était pas toujours adapté à la tenue. Une certaine fantaisie était tolérée.

Tambour de la clique - 1900
L'homme porte les épaulettes type « 120 anneaux » et les galons tricolores de la clique, ensemble composé exclusivement de tambours et de clairons. Pour respecter à la lettre le règlement, il devrait porter le plumet et olive tricolores sur son casque.

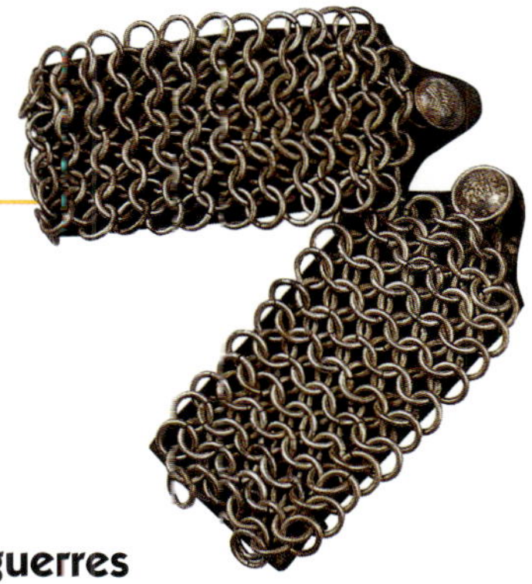

Planton en tenue de sortie -1930
Muni de son vélo, et pèlerine de laine sur les épaules, notre planton reprend la silhouette générale des policiers (les hirondelles), des postiers, des douaniers, presque identiquement équipés et habillés. A remarquer sous la pèlerine, la sacoche de correspondance.

1914, la Grande Guerre

Pendant les quatre années que va durer la Première Guerre mondiale, les sapeurs-pompiers français, s'ils ne sont pas enrôlés dans les troupes combattantes, continuent d'assurer l'ensemble de leurs missions. Celles-ci sont particulièrement difficiles dans les régions et les villes placées sous le feu, qu'il soit allemand ou français. Canonnades, bombardements, incendies épuisent les soldats du feu qui connaîtront de nombreuses victimes dans leurs rangs, que ce soit le fusil ou la lance à la main.

L'entre-deux-guerres

Le décret du 13 août 1925 apporte un véritable bouleversement en « désarmant » les sapeurs-pompiers qui dépendent désormais exclusivement du ministère de l'Intérieur. Un autre fait va profondément faire évoluer la profession.
Le 28 octobre 1938, le grand magasin des Nouvelles Galeries de Marseille s'embrase.
Les secours peinent à maîtriser l'incendie qui fait 75 morts. Or, à quelques mètres de là, ce même jour, se déroule le congrès du Parti radical-socialiste auquel assistent le président du Conseil, Edouard Daladier, et de très nombreuses personnalités gouvernementales qui assistent *de visu* aux opérations de sauvetage. L'incurie des secours, la désorganisation ambiante et le manque criant de moyens incitent les politiques à réagir. Deux décrets importants voient le jour, le 12 novembre 1938. Le premier fait désormais obligation aux communes d'assurer l'entretien des services d'incendie et de secours. Jusqu'à cette date, conformément à la loi de 1884, les communes, si elles étaient tenues de créer leur propre centre de secours, n'étaient pas obligées d'en assurer l'entretien. Le texte de 1884 précisait « … que les dépenses relatives à l'entretien d'un corps de sapeurs-pompiers sont facultatives… ». Le deuxième décret institue les « mesures de protection » et la création d'une inspection technique permanente au ministère de l'Intérieur, qui prendra plus tard le nom d'Inspection générale de la sécurité civile. Conséquence immédiate et directe de la catastrophe, le gouvernement décide de placer la ville de Marseille sous la protection d'une unité militaire spécialement détachée de la Marine, le BMPM, le Bataillon des marins-pompiers de Marseille. Encore aujourd'hui, Marseille demeure, avec Paris, la seule ville de France disposant d'un corps de sapeurs-pompiers militaires.

de 1830

Casque à chenille du type monarchie de Juillet. Ce casque à la visière plate, dit « type chevau-léger », porte une aigrette à olive rouge.

Casque à chenille à visière fixe de la monarchie de Juillet. La plaque portée n'est pas spécifique « sapeurs-pompiers » mais rivetée sur le casque dont la visière porte les haches croisées bien représentatives.

Shako de sapeur du second Empire

Casque de sapeur modèle 1855.
Ce type de casque marque la fin de l'utilisation de la chenille en poil. Particulièrement solide, il portait soit les armes de la ville, soit plus fréquement l'aigle impériale qui disparaitra à la fin du second Empire.

Casque de sous-officier modèle 1895. La coque en cuivre portait à l'origine une plaque argentée. L'argenture, sans doute de mauvaise qualité, n'a pas tenu dans le temps et montre le dessous en cuivre rouge.

Ce casque particulier en cuir bouilli était primitivement destiné à l'infanterie. Essayé dans certaines unités en 1836, et non retenu par l'Etat-Major, il sera reversé à certains corps de sapeurs-pompiers. Le modèle présenté ici avait été affecté au corps de Lanvollon, dans les Côtes-d'Armor.

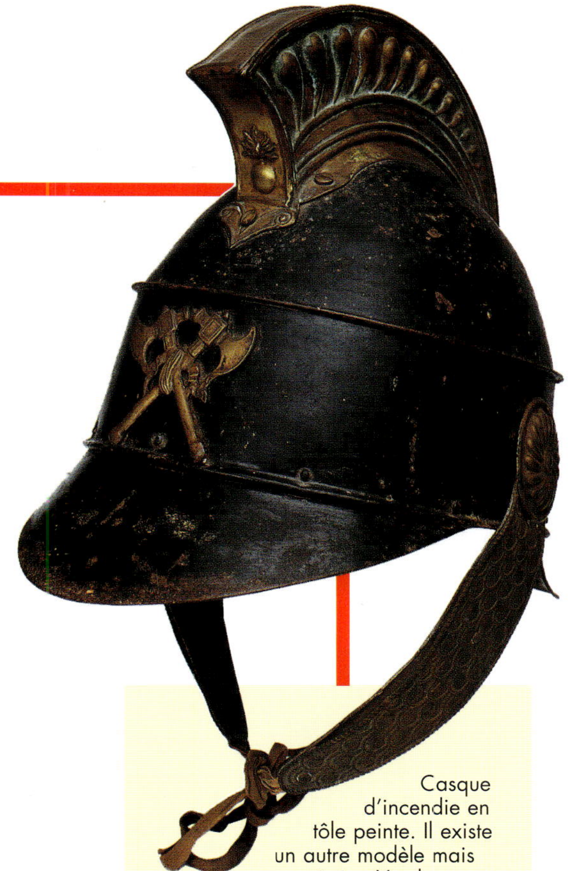

Casque second Empire de sapeur avec aigrette (plumet en poil) et tulipe. Le casque porte une plaque frappée aux armes de la ville. Il arrive que certaines municipalités décident de décorer les casques de leurs corps de sapeurs-pompiers aux couleurs de leur ville plutôt qu'aux distinctives du régime en place : coq, fleurs de lis, aigle...

Casque d'incendie en tôle peinte. Il existe un autre modèle mais sans cimier. Vendu pendant plusieurs dizaines d'années, ce casque, de facture simple et relativement bon marché, était acheté par les sapeurs-pompiers pour leurs interventions. Le casque de cuivre, plus prestigieux mais plus cher, était alors utilisé pour les cérémonies et les défilés. Les communes les plus pauvres n'avaient bien sûr qu'un seul casque.

Casque en tôle du second Empire. La bombe du type « à la minerve » atteste son ancienneté. A remarquer, la décoration particulièrement soignée de l'orle, nom donné au bandeau placé sous la plaque.

Casque d'officier modèle 1933. La plaque est dorée à l'or fin.

Casque F1.

à 2000

Commandant en tenue de jour - 1920
Sur la chaise placée devant lui, le commandant a placé ses attributs d'apparat : le casque d'officier nickelé, et non en laiton, avec plaque dorée à l'or fin et plumet en plume de vautour et l'épée portée avec le ceinturon à bélière de grande tenue.

Quand est né le 18 ?

C'est en 1932 que le numéro 18 est attribué aux sapeurs-pompiers et officiellement utilisé à Paris. Il faut dire que l'usage du téléphone s'est particulièrement développé dans les grandes villes dans les années 1888-1892, succédant aux tentatives de relier le public aux casernes par un réseau télégraphique.
Le procédé peu fiable à l'époque ne suscite guère l'enthousiasme, tout comme les premiers temps du téléphone. On continue donc de courir à la caserne ou de déclencher soi-même la sirène. L'installation des premiers standards téléphoniques semi-automatiques amène un progrès déterminant dans l'acheminement de l'alerte avec, désormais, la possibilité d'une liaison directe public-sapeurs-pompiers. Mais si dans les grandes villes, l'appel au 18 relie directement le correspondant à la caserne, dans les petites bourgades, c'est à la mairie, au domicile du maire ou chez le chef de corps qu'aboutit l'appel.
La gendarmerie, seul lieu à assurer une permanence 24 heures sur 24, reçoit plus de la moitié des appels. Cette pratique ne disparaîtra qu'à la fin des années 80 avec la mise en place généralisée des CODIS, Centres opérationnels départementaux d'incendie et de secours et des CTA, Centres de traitement de l'alerte, qui donnent accès au 18. Dans les années à venir, le 18 sera vraisemblablement abandonné au profit du 112, numéro d'appel d'urgence unique adopté par l'ensemble des pays de la Communauté européenne.

La guerre et la reconstruction

Comme durant la Grande Guerre, les sapeurs-pompiers sont en première ligne pour combattre les incendies et les destructions causés par les bombardements. Les volontaires de la Défense passive, qui sont à leurs côtés, portent les germes de la future Sécurité civile, qui verra le jour quelques années plus tard. La Seconde Guerre mondiale a laissé des stigmates très visibles sur l'ensemble du pays. Les bombardements, les faits de guerre ont sinistré, voire anéanti, des centaines de villes, de ports, d'usines, de voies de communication. Nombre de pompiers ont payé de leur vie leur dévouement et leur courage face à une accumulation de sinistres et de destructions sans équivalent. Avec la période de la reconstruction entamée dès la Libération, se développe un esprit de réforme et de réorganisation générale des services de secours. Le 1er juin 1946, un règlement départemental-type est proposé aux préfets et, un an plus tard, est créé le Conseil supérieur de la protection civile.

Des évolutions nées de l'urgence

En 1947, un cinéma de Rueil-Malmaison, le Sélect, s'embrase en pleine représentation. Cette catastrophe, qui fait 89 morts, crée un véritable traumatisme dans la population et les pouvoirs publics. Des constats relevés à la suite de l'incendie vont mettre en avant l'urgence à se doter d'une véritable politique de prévention en matière d'incendie. Ainsi vont naître le 13 août 1954, les premières « mesures relatives à la sécurité contre les risques d'incendie et de panique dans les établissements recevant du public ».

Ces mesures, qui sont un premier pas dans l'amélioration de la sécurité des lieux publics, recevront un dramatique complément par le décret du 31 octobre 1973 qui, lui, fait suite à la tragédie du Cinq-Sept, une discothèque située à Saint-Laurent-du-Pont, qui verra mourir 150 jeunes danseurs.

Retour en 1949 avec une autre grande catastrophe nationale : l'incendie des landes de Gascogne. Le 20 août 1949, en début d'après-midi, les sapeurs-pompiers volontaires, militaires et professionnels subissent de plein fouet ce qui reste aujourd'hui comme le plus gigantesque et plus dramatique feu de forêt de l'histoire de notre pays. « L'incendie du siècle », comme l'appelèrent alors les journaux, ravagea 50 000 ha de landes et de pinèdes et tua 82 personnes, rattrapées par les flammes alors qu'elles cherchaient à combattre ou à fuir l'ouragan de feu dont l'épaisse fumée masqua le soleil jusqu'à Bordeaux. Là aussi, les conséquences du sinistre alertent les autorités qui décident d'un plan d'urgence de traitement des feux de forêt et d'une politique de restructuration du domaine forestier national.

Sapeur-pompier en tenue de feu - 1950-60
A l'époque, on partait en pantalon de drap de laine et veston de peau. Veston et ceinturon ne portent évidemment pas les bandes réfléchissantes qui ne viendront que beaucoup plus tard. Le sapeur a endossé un appareil respiratoire Commeinnes et tient à la main un pied-de-biche dans son étui. Cette tenue était encore portée dans certains corps ruraux au début des années 90.

Protection civile et Plan ORSEC

Etape déterminante dans la cohérence d'un système au niveau national, le ministère de l'Intérieur crée en 1951 le SNPC, Service national de protection civile. Véritable « pont » établi entre les services de secours et le ministère, son but est de réunir et d'optimiser des compétences diverses dans les domaines de la prévention (protection contre l'incendie), de la prévision (plans de secours) et de l'intervention (services de secours). L'année suivante, un plan spécial de déploiement des services de secours est mis en place. Baptisé ORSEC pour « ORganisation des SECours », ce plan met en avant les capacités reconnues aux sapeurs-pompiers d'opérer toutes les opérations de « sauvetages-secours » nécessaires dans le cas d'un sinistre de grande ampleur. La circulaire ORSEC 52 qui en fixe les règles est toujours en vigueur aujourd'hui.

Une nouvelle organisation

L'organisation des corps des sapeurs-pompiers et les statuts mêmes de ses personnels vont être réglementés par le célèbre décret du 7 mars 1953. Tout y est pour donner aux sapeurs-pompiers une unité nationale qui durera longtemps : établissement des règles au niveau national — et non plus local — par le seul ministère de l'Intérieur, hiérarchisation des centres de secours, définition des missions des sapeurs-pompiers, statuts et règlements particuliers relatifs aux différences existant entre « volontaires » et « professionnels »… Le 21 janvier 1954, s'ouvre l'Ecole nationale de la protection civile sur deux sites : le « Château » de Nainville-les-Roches pour les cadres et les représentants de l'autorité civile et le Centre national de protection contre l'incendie, rue Chaptal à Paris bien connu des sapeurs-pompiers qui y viennent en formation.

Casque type Protection civile
Aussi appelé « Petit Colin ».
Ce casque en résine plastique porte la plaque réglementaire des sapeurs-pompiers, marquée ici « Nantes ».
A noter la grenade distinctive placée en haut du cimier.

Le 20 mai 1955, les Services départementaux d'incendie et de secours reçoivent un véritable statut juridique avec une organisation propre et une autonomie financière sous la responsabilité d'un IDSIS, Inspecteur départemental des services d'incendie et de secours. Obligation est faite aux communes de participer au fonctionnement de ces services soit en créant un centre de secours soit par le paiement d'une taxe. Cette organisation sera modifiée par le décret du 4 août 1982 qui prévoit que la mise en œuvre opérationnelle des moyens de secours est du ressort du préfet alors que la gestion administrative et financière dépend du président du Conseil général du département.

Toute une batterie de lois mises en place dans les années 1987-1988 organise la sécurité civile, la protection de la forêt contre l'incendie et la prévention des risques majeurs et réglementent l'organisation générale des services d'incendie et de secours, la création des PPI, Plans particuliers d'intervention, des PSS, Plans de secours spécialisés et du plan de secours à nombreuses victimes, plus connu sous le nom de « Plan Rouge ».

1969, des centres de secours nouvelle formule

L'arrêté ministériel du 24 février 1969 fixe l'armement en matériel et en personnel de l'ensemble des CS, les Centres de secours, de l'Hexagone. Chaque centre doit posséder un engin porteur d'eau, un véhicule de transport de personnel, de matériel ou de traction et deux motopompes servis par une garde de onze hommes. Parallèlement sont créés pour les agglomérations plus importantes les CSP, les Centres de secours principaux, qui se voient dotés de moyens renforcés pour assurer des départs plus nombreux, voire simultanés. Pour les petites communes, si l'arrivée des secours du centre voisin excède 30 minutes, il est prévu la création de CPI, Centres de première intervention. En 1975, est créée la Direction de la sécurité civile. Devenue une direction à part entière du ministère de l'Intérieur, l'ancien service national de la Protection civile devient largement opérationnel avec son propre état-major, son groupement aérien, ses unités de déminage, de sécurité civile, ses centres de gestion des opérations… La loi du 22 juillet 1987 trace les lignes directrices de l'organisation de la sécurité civile, de la protection de la forêt contre l'incendie et de la prévention des risques majeurs.

1988, la réorganisation des SDIS

Parallèlement au décret du 6 mai 1988, instituant les plans d'urgence, il est décidé une réorganisation des SDIS, les Services départementaux d'incendie et de secours, qui se voient ainsi recevoir une consécration officielle. Les SDIS ont pour but de mettre à la disposition des communes qui n'ont pas de corps de sapeurs-pompiers des moyens de lutte et d'apporter des renforts en hommes et en matériels à celles qui en possèdent un. Il faut savoir qu'en France, 86 % des sapeurs-pompiers sont des volontaires. Sur un total de 235 300 sapeurs-pompiers, on recense 198 250 volontaires qui couvrent 40 % du nombre d'interventions annuelles. Le SDIS assure en outre pour le département des missions de prévention et de prévision.

2000, la départementalisation

Dernière étape de la modernisation et de l'optimisation des secours, la départementalisation est effective pour l'ensemble des corps depuis le 1er janvier 2000. Désormais l'établissement public « service départemental d'incendie et de secours » comprend deux entités, le CDSP, Corps départemental de sapeurs-pompiers, et le SSSM, Service de santé et de secours médical.

Le CDSP regroupe l'ensemble des sapeurs-pompiers professionnels, volontaires et auxiliaires d'un même département sous une autorité commune. Les moyens matériels hérités des SDIS, avant la création des CDSP et ceux appartenant aux communes et aux établissements de coopération intercommunale sont regroupés et répartis suivant les besoins et la spécificité des risques. Cette mise en commun des hommes et des moyens doit apporter aux services de secours une efficacité accrue alliée à une plus grande souplesse. La départementalisation, vécue quelquefois comme un traumatisme par certains, n'est en fait que l'aboutissement logique d'une meilleure rationalisation des secours et un meilleur emploi de ceux qui sont devenus de véritables techniciens du risque, comme nous allons le découvrir dans les pages qui suivent.

Sapeur-pompier en tenue de feu.

CHAPITRE 2

LES TECHNICIENS DU RISQUE

Si le courage et le dévouement sont restés les maîtres mots de leur engagement, les sapeurs-pompiers sont aujourd'hui devenus de véritables techniciens du risque et de l'urgence. Formation, innovation et technologie permettent de remplir efficacement les missions les plus complexes et les plus dangereuses.

La formation permet aux sapeurs-pompiers de progresser en grade. Si cette progression se fait à l'ancienneté pour passer de sapeur première classe à caporal, l'accès au grade de sous-officier se fait par concours.
A chaque grade correspond une responsabilité :
- Sapeur : équipier
- Caporal : chef d'équipe
- Sous-officier : chef d'agrès

Les sapeurs-pompiers en France

Sapeurs-pompiers civils volontaires : 198 250
professionnels : 28 100
auxiliaires (service national civil) : 700
service de santé : 8 250
dont 6 446 médecins, 504 infirmiers, 24 kinésithérapeutes et 206 vétérinaires.

Sapeurs-pompiers militaires
Brigade des sapeurs-pompiers de Paris : 7 330
Bataillon des marins-pompiers de Marseille : 1 761

Motivation et professionnalisme : les « jeunes sapeurs-pompiers »

Il est possible d'intégrer un corps de sapeurs-pompiers dès l'âge de 18 ans. Mais ce premier contact peut être enrichi par des années de préparation à la future vocation. De nombreux corps proposent en effet aux jeunes de 10 à 17 ans, garçons et filles, de suivre une formation complète de « jeune sapeur-pompier ». Initiation au secourisme, connaissance du matériel incendie, apprentissage des manœuvres, participation à des activités sportives…
L'objectif de ces véritables écoles est de préparer des jeunes, très sensibilisés et motivés, à intégrer les corps de sapeurs-pompiers avec un bagage professionnel important qui facilitera leur intégration et leur efficacité sur le terrain.

FIA, FAE et UV

LE METIER DE SAPEUR-POMPIER

Sapeur-pompier, une vocation

La décision de rentrer dans le corps des sapeurs-pompiers, que ce soit comme volontaire, professionnel, auxiliaire ou personnel de santé est un choix personnel important qui dénote des qualités humaines particulières. Celles-ci sont contenues dans la propre devise de l'institution « Courage et Dévouement ». Face aux périls diversifiés et à leur gravité croissante, le sapeur-pompier doit posséder un ensemble de connaissances techniques qui font de lui un véritable technicien du risque.

Devenir sapeur-pompier professionnel

Suivant les diplômes obtenus, du CAP au doctorat, le postulant peut intégrer le corps des sapeurs-pompiers à différents stades et grades de la profession.

Sapeur-pompier de seconde classe

Le sapeur-pompier, qui est recruté uniquement par voie de concours, doit être titulaire d'un CAP, BEP, BEPC ou du baccalauréat et avoir de 18 à 25 ans. Toutefois, le candidat ou la candidate peut bénéficier d'un recul de la limite d'âge selon qu'il ait été sapeur-pompier volontaire, agent auxiliaire ou titulaire de l'Etat ou d'une collectivité publique ou encore ayant des enfants à charge. Les sapeurs-pompiers volontaires ayant accompli trois ans de service actif et titulaire du BNPS, Brevet national des premiers secours, et du CFAPSE, Certificat de formation aux activités des premiers secours en équipe, peuvent se présenter au concours sans condition de diplôme.

Lieutenant de sapeur-pompier

Le candidat ou la candidate doit avoir moins de 30 ans et être titulaire d'un DUT « Hygiène et sécurité, option hygiène et sécurité publique » ou d'un titre équivalent. Comme pour l'ensemble des postulants à la profession, le candidat doit être reconnu apte physiquement et répondre à des critères de taille minimum de 1,60 m pour les hommes et 1,50 m pour les femmes. La formation spécifique de 9 mois a lieu à l'Ecole nationale supérieure des officiers de sapeurs-pompiers de Nainville-les-Roches dans l'Essonne. Le lieutenant ainsi formé pourra remplir des fonctions de commandement opérationnel ou technico-administratif ou encore diriger un groupe en opération.

Capitaine de sapeurs-pompiers

Pour postuler à l'emploi de capitaine, il faut être âgé de plus de 20 ans et de moins de 30 ans et être titulaire d'un diplôme équivalant au moins à Bac + 4. Les conditions physiques sont les mêmes pour les lieutenants. La formation de 6 mois s'effectue à l'Ecole nationale supérieure de Nainville-les-Roches. Le capitaine prend la responsabilité des personnels et des matériels engagés dans les opérations de protection et d'assistance. Il peut assurer la direction d'un service et la formation des personnels.

La formation des sapeurs-pompiers volontaires

Elle est calquée aujourd'hui sur la formation des professionnels, réalisant de fait un tronc commun de connaissances. L'ancienne formule des stages à acquérir a été abandonnée au profit de modules intégrant des Unités de valeur, appelées UV. Une formule déjà en activité chez les professionnels et qui se présente sous la forme de modules indépendants les uns des autres. Ces modules traitent de données aussi diverses que « Sécurité individuelle et collective », « Technique extinction du feu », « Risques de pollution », ou encore « Hygiène et entretien du matériel ».
Il existe cependant une série de connaissances, appelées « pré-requis » que doit acquérir tout sapeur-pompier volontaire qui veut par la suite s'inscrire aux formations de l'école départementale. L'examen de fin de stage est supprimé, les volontaires étant notés par module et tout module raté pouvant être repassé ultérieurement.
Plus personnalisé et plus actuel — on y parle par exemple de stress et de risques technologiques — le programme de la formation se rapproche sensiblement de celui des professionnels avec une durée de 10 jours par an, les trois premières années, réduite à 5 jours, les années suivantes.

Les UV ou Unités de valeur

Les unités de valeur sont exigées pour tenir un emploi opérationnel ou de management. Elles s'obtiennent lors de stages répartis en FIA, ou Formation initiale d'application, et FAE, Formation d'adaptation à l'emploi qui agit comme une véritable formation professionnelle continue. Chaque emploi est défini précisément par un ensemble d'enseignements portant sur les missions, les responsabilités, les conditions d'exercice et les UV à acquérir.
Emplois opérationnels :
les UV nécessaires :

- CAD - Culture administrative
- COM - Communication
- DIV - Opérations diverses
- FOR - Formation de formateur
- GOC - Gestion opérationnelle et commandement
- INC - Incendie
- MNG - Management
- REP - Relations publiques
- RTN - Risques technologiques et naturels
- SAP - Secours à personnes
- SPO - Sport
- TOP - Techniques opérationnelles

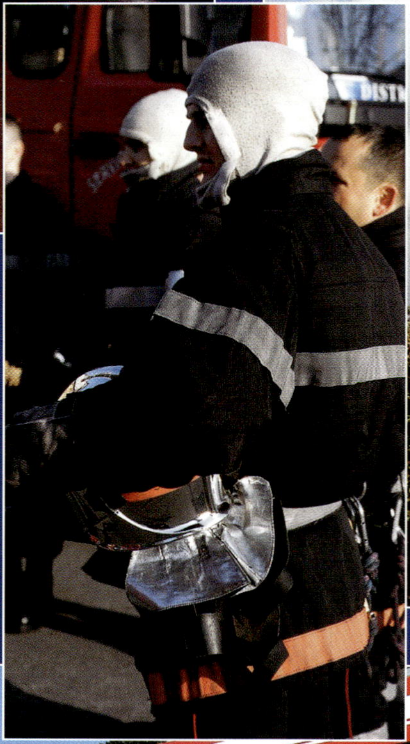

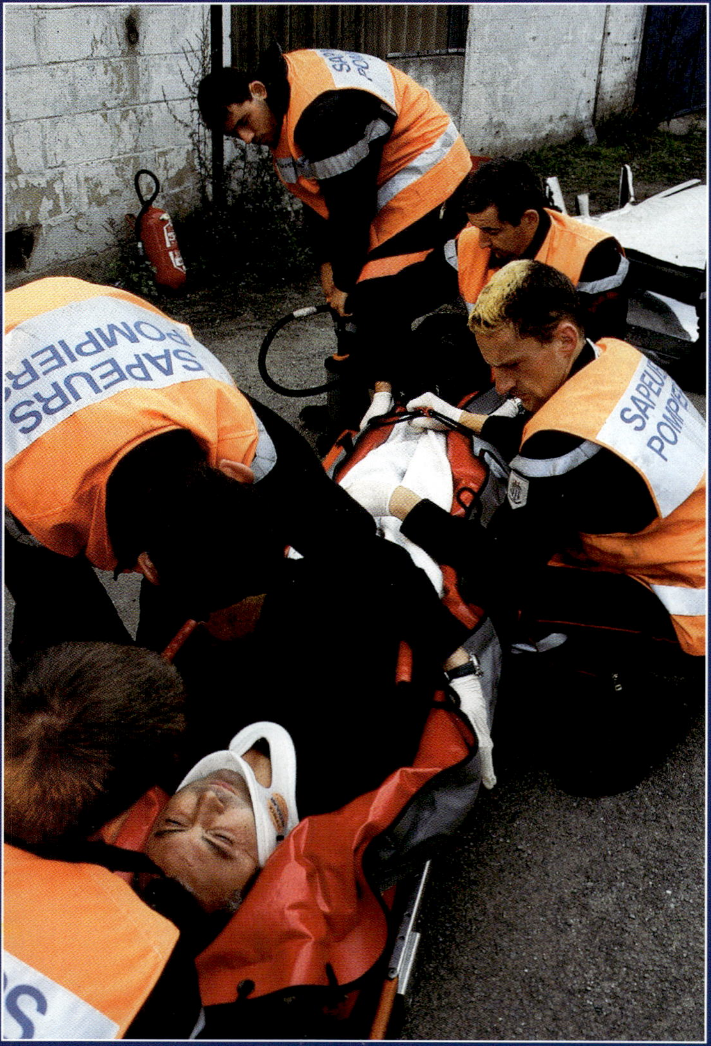

SPP et SPV

PROFESSIONNELS ET VOLONTAIRES

Les SPP, les Sapeurs-pompiers professionnels

Les SPP, Sapeurs-pompiers professionnels, sont des fonctionnaires territoriaux qui relèvent des lois du 13 juillet 1983 et du 26 janvier 1984 relatives aux droits et obligations des fonctionnaires dépendant de la fonction publique territoriale. Le recrutement s'opère uniquement par concours. Pour un sapeur, le niveau minimum requis est le BEPC ou un CAP, BEP. Pour le lieutenant de 2e classe le niveau est Bac + 2, et Bac + 4 pour le grade de capitaine. Des conditions d'âge, de nationalité et de respect de la loi réglementent les concours. Concernant le régime de travail, il existe de profondes disparités entre les sapeurs-pompiers de l'Hexagone. Le rapport Inizan, réalisé en 1995, démontre que celui-ci fluctue entre 73 et 182 gardes de 24 heures par an… chiffre résultant, pour chaque corps, des effectifs de la garde, du degré de sollicitation et de la complémentarité entre volontaires et professionnels.

Les SPV, les Sapeurs-pompiers de statut volontaire

86 % des sapeurs-pompiers français sont des volontaires qui occupent une place essentielle dans l'organisation des secours. Ce sont donc près de 200 000 simples citoyens qui décident de consacrer une partie de leur temps au service de la collectivité. Recrutés par le SDIS, le Service départemental d'incendie et de secours, ils signent avec lui un contrat renouvelable de cinq ans. Le SDIS assure leur formation et les indemnise sous forme de vacations pour le temps passé que ce soit naturellement en intervention mais aussi au cours de manœuvres ou en instruction. Actuellement, cette indemnité forfaitaire est de 43 francs pour un homme du rang, de 50 francs pour un sous-officier et de 62 francs pour un officier. La grande majorité des volontaires se recrute parmi les ouvriers et employés du secteur privé. Les employés communaux, les commerçants et artisans, les étudiants représentent aussi une part importante.

Les SPA, les Sapeurs-pompiers auxiliaires

Les Sapeurs-pompiers auxiliaires ou SPA étaient de jeunes volontaires qui effectuaient leur service national dans un service d'incendie et de secours ainsi que l'autorisait la loi du 1er février 1994. La loi du 28 octobre 1997 ayant suspendu l'appel sous les drapeaux pour les jeunes nés après le 31 décembre 1978, fin 2002, c'est une armée de professionnels et de volontaires qui prendra la place de l'armée de conscription. Les SPA vont donc progressivement disparaître au profit de volontaires civils.

Le SSSM, le Service de Santé et de Secours Médical

Ce service regroupe bien sûr des médecins, mais aussi des vétérinaires, des pharmaciens et des infirmiers qui exercent leur profession quotidiennement et qui au premier appel se mettent à la disposition du centre de secours. Ces professionnels de santé sont rémunérés par une indemnité forfaitaire de même valeur que celle perçue par les officiers volontaires.

Disponibilité et activité professionnelle

Aujourd'hui, 67 % des interventions ont lieu pendant les heures de travail, c'est-à-dire entre 7 h et 20 h. 75 % de ces interventions en journée sont assurées par les sapeurs-pompiers volontaires communaux. Rappelons que ces employés des communes et des structures intercommunales représentent 16 % de l'ensemble des sapeurs-pompiers volontaires et qu'il y a aujourd'hui vingt fois plus d'interventions qu'en 1970 alors que les effectifs des sapeurs-pompiers n'ont augmenté que de 15 %.

Quand viennent les premiers froids...
Pour les mois d'hiver ou par mauvais temps, les sapeurs-pompiers portent deux types de parkas. A gauche, un parka d'intervention molletonné de caporal-chef. A droite, en tissu beaucoup plus léger, le parka dit « de relations » porté ici par un adjudant-chef. Celui-ci a abandonné les bandes réfléchissantes réservées aux tenues d'intervention mais porte le bandeau de poitrine de couleur rouge marqué « sapeurs-pompiers ». Le parka se porte soit tête nue, soit plus rarement avec le képi.

Tenue d'intervention
La veste d'intervention de type « Kermel » ainsi que le pantalon de même matière sont munis de bandes réfléchissantes. Ces pièces d'habillement comme l'ensemble des équipements et des tenues sont bien sûr conformes à la norme DSC, la Direction de la Sécurité civile. La tenue est complétée par une paire de bottes - ou de rangers - et une casquette de couleur bleue ou rouge suivant les corps. La veste est portée avec le ceinturon de sécurité réglementaire.

Les coiffures réglementaires
A gauche, le bicorne et le képi portés respectivement par les sapeurs féminins et les sapeurs. Au milieu, le képi identifiant un caporal-chef ou un sergent, côtoie la coiffure d'un commandant, particulièrement identifiable à ses cinq bandes argentées sur la partie supérieure. A l'arrière-plan, le képi d'un médecin-capitaine du service de santé. A remarquer sur le dessus de ces deux dernières coiffures, la présence d'un élément décoratif appelé « nœud hongrois ».

Tenue de sortie de caporal
A remarquer à l'épaule, la fourragère à chevrons bleus, blancs et rouges et la médaille des 20 ans de service dans le corps des sapeurs-pompiers, qui est ici portée en barette. La « pucelle » est celle du SDIS du département de l'Ille-et-Vilaine en Bretagne. Les épaulettes disposées au premier plan portent les grades de sergent à gauche et de sergent-chef, à droite. A partir du grade d'adjudant, les boutons de la veste deviennent blanc mat, de même que les grenades et chevrons de col. Les grades de caporal-chef, de sergent et de sergent-chef se distinguent des sapeurs, 1re classe et caporaux par le passage de la grenade col du rouge en blanc. La grenade du képi suit les mêmes évolutions.

La garde au drapeau. Certains corps ont choisi de conserver le casque ancien modèle porté avec le foulard rouge pour leur tenue de cérémonie. Le porte-drapeau est traditionnellement encadré par deux sapeurs porte-hache.

Le symbole de la grenade

Les képis des sapeurs-pompiers, comme beaucoup d'autres corps militaires ou paramilitaires comme l'Armée, les Douanes ou encore la Gendarmerie nationale, s'ornent d'une grenade enflammée. A tous ceux qui pourraient s'inquiéter de la présence de cet engin de destruction comme symbole de leurs missions, nous apporterons les précisions suivantes. Au XVe siècle, il fallait être à la fois très costaud et très courageux pour lancer ce type de grenade composé d'un boulet de fer creux garni de poudre et qu'on allumait au moyen d'une mèche avant de le lancer sur l'ennemi. Il fallait s'approcher très près, allumer sans trembler la mèche, toujours trop courte, et lancer ce poids de plusieurs kilos le plus loin possible, tout en ayant attendu suffisamment longtemps pour ne pas prendre le risque de voir celle-ci revenir, relancée par l'ennemi. Toutes ces qualités indispensables faisaient des grenadiers une troupe d'élite et porter sur sa manche la grenade enflammée était très recherché. Les troupes militaires choisiront donc ce symbole d'élite et, tout naturellement, les sapeurs-pompiers, anciens soldats du génie, la conserveront bien que toute fonction militaire ait disparu.

31 et 41 bis

TENUES, INSIGNES, ET GRADES

Tenues de sortie ou d'intervention

Les tenues portées par les sapeurs-pompiers peuvent être divisées en trois catégories : les tenues de sortie et de cérémonie, les tenues de service et les tenues d'intervention. Les tenues vraiment spécifiques de certaines interventions comme par exemple, le risque chimique, la plongée ou les feux d'hydrocarbures sont traitées à part.
La tenue de cérémonie comprend une vareuse et soit un pantalon, soit une jupe, le tout de couleur « grain de poudre bleu nuit » et porté avec la chemise blanche. La tenue de sortie est plus sobre puisque composée du pantalon bleu ou de la jupe portée avec la chemise d'un bleu plus clair. En hiver, le port de la veste ou de la vareuse est obligatoire.
La tenue de service autorise le port du tee-shirt et du pull-over aux marquages spécifiques « sapeurs-pompiers ».
La tenue d'intervention, appelée tenue 41, est composée de l'ensemble deux pièces SPF1 avec veste de feu, porté avec les bottes ou les rangers, le casque F1, sa cagoule de protection et les gants de travail. La tenue d'intervention classique — hors feu — est complétée du port de la casquette ou casque F2, plus léger.

Les galons

Les galons sont portés sur une bande de tissu d'une couleur qui identifie le service ou la qualification particulière du porteur.
Les sapeurs-pompiers ont la couleur noire, les sapeurs-pompiers auxiliaires le bleu « Gauloises », les médecins et le service médical se reconnaissent au rouge sombre, les pharmaciens au violet et les vétérinaires ont choisi le vert. Cette couleur se retrouve sur la coiffe de képi.
A noter que le grade de colonel n'existe que dans les grands corps comme ceux de Lille ou Lyon ou dans certaines directions départementales importantes.

L'insigne distinctif : la pucelle

L'insigne porté actuellement par tous les sapeurs-pompiers de France a été créé au tout début des années 50, date à laquelle la fédération décide de reprendre l'idée d'un insigne métallique comme les portent les sapeurs-pompiers de Paris depuis 1942. L'insigne métallique reprend généralement le blason du département entouré des attributs héraldiques des sapeurs-pompiers : haches et lances entrecroisées sur fond de flammes, plus ou moins stylisées. Certains départements reprennent une devise : « Sauver ou Périr » ou « Courage et Dévouement » ou arborent des insignes très personnalisés spécialement dessinés.

L'uniforme est de rigueur...
Pull ou polo, parka ou sweat-shirt, les tenues sont identiques pour tous les sapeurs-pompiers, quel que soit leur grade. Seule la bande de grade amovible permet de distinguer à quel niveau de hiérarchie on a affaire. A gauche, pull de lieutenant et à droite, sweat-shirt de sergent-chef.

31 et 41 bis sont les chiffres de référence des tenues que portent les sapeurs-pompiers dans tous les actes de la vie courante. La tenue 31 est l'uniforme de base porté en service non opérationnel. La tenue 41 bis est portée en instruction ou en intervention sur ordre. Parmi les plus représentatives, nous citerons les tenues de sortie N° 21, 22 bis et 26, la tenue de sport N° 51, la tenue de cérémonie N°13.

Quelques précisions sur les sorties de secours

30 % se déroulent le week-end
40 % ont une durée inférieure à une heure
28 % ont lieu pendant les mois de juillet et d'août
66 % ont lieu entre 8 h et 19 h

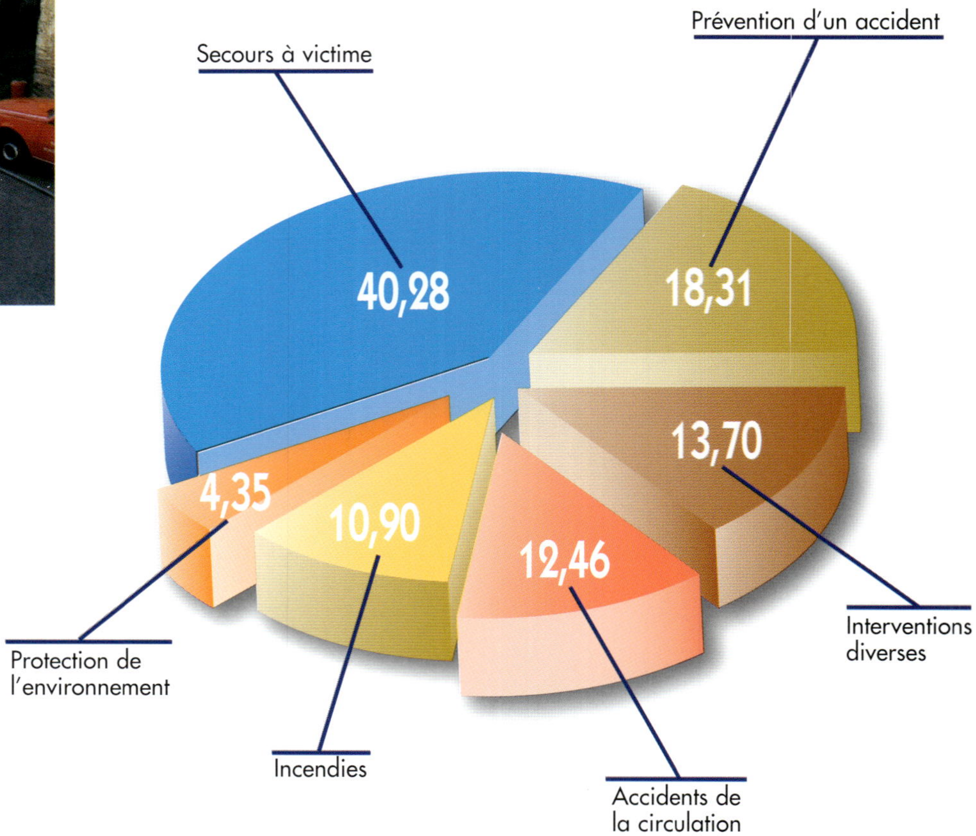

On décale...

LES MISSIONS DES SAPEURS-POMPIERS

Une mission spécifique

La loi du 3 mai 1996 relative aux services d'incendie et de secours est très précise dans le caractère des missions dévolues aux sapeurs-pompiers. « Les services d'incendie et de secours sont chargés de la prévention, de la protection et de la lutte contre les incendies. Ils concourent, avec les autres services et professionnels concernés, à la protection et à la lutte contre les accidents, sinistres et catastrophes, à l'évaluation et à la prévention des risques technologiques et naturels ainsi qu'aux secours d'urgence. »
Cet article résume à l'évidence ce que nous allons développer par le texte et par l'image dans les pages qui vont suivre. C'est évidemment la lutte contre les incendies qui reste la mission première et totalement spécifique des sapeurs-pompiers. Mais celle-ci s'est vu au fil des siècles complétée par des missions fort diverses qui résultent des transformations et des évolutions de notre société.

Des missions de plus en plus diversifiées

Aujourd'hui, les sapeurs-pompiers sont amenés à travailler avec d'autres services et personnels hautement spécialisés pour accomplir des missions telles que la protection et les secours d'urgence dans des accidents ou des catastrophes d'origine naturelle, accidentelle ou plus récemment technologique. Ils doivent aussi assurer le secours à personnes et leur évacuation lors d'accidents. Que ce soit des accidents de la route ou du chemin de fer, des accidents de la vie quotidienne, dans le travail, le sport, les loisirs… ou un simple malaise. La protection de l'environnement, face aux pollutions de toute nature a rejoint la protection des biens et la prévention des risques est devenue une composante déterminante de l'éventail des missions des sapeurs-pompiers.

Le plus important en nombre de sorties : le secours à victimes

Avec plus de 40 % d'interventions au niveau national, le secours à victime est devenu la première activité des centres de secours. Le VSAB, le Véhicule de secours aux asphyxiés et aux blessés, plus communément appelée l'ambulance, est certainement le véhicule de sapeurs-pompiers le plus présent aux yeux du public.

En progression constante, le secours routier

Autre mission découlant directement de l'évolution des modes de vie, le secours routier tient une place importante dans le quotidien des centres de secours avec près de 13 % d'interventions. L'apparition de véhicules de plus en spécialisés dans la désincarcération et une généralisation des VSR, les Véhicules de secours routier, en sont le corollaire.

Le plus important en investissement matériel et humain : la lutte contre les incendies

On ne doit pas s'y tromper, la lutte contre les incendies ne doit pas se mesurer en nombre de sorties. Il n'y a en effet rien de commun entre un incendie pouvant impliquer plusieurs dizaines de sapeurs-pompiers appuyés d'un matériel conséquent et une sortie pour destruction d'un nid de guêpes limité à un seul véhicule servi par deux hommes. Les moyens comme les conséquences humaines et financières résultant de chaque sinistre ne peuvent être mis en parallèle. Avec « seulement » 11 % de sorties, la lutte contre les incendies demeure cependant la première mission des sapeurs-pompiers.

> « Décaler » en langage sapeur-pompier, c'est partir en intervention. L'expression vient du fait qu'au siècle dernier, on retirait les cales qui immobilisaient les voitures à chevaux en stationnement.

Sapeur-pompier en tenue d'intervention.

Les interventions sur l'eau, le gaz, l'électricité

Des domaines délicats, voire dangereux où les sapeurs-pompiers travaillent en étroite collaboration avec EDF-GDF et les principaux services des eaux.

Les interventions pour faits d'animaux

Avec au premier chef, la destruction des nids d'apidés, particulièrement les guêpes et les frelons. Des opérations d'un caractère moins courant peuvent amener la capture après tranquillisation, d'un bovin rendu furieux, d'un animal échappé d'un cirque ou d'un zoo, d'un mammifère blessé qu'il soit domestique ou sauvage…

La protection des biens

Peu spectaculaire, c'est un volet souvent ignoré des médias et peu connu du grand public. Lors d'une tempête, d'un orage, d'une inondation, les sapeurs-pompiers participent à la mise en sécurité des biens en les déménageant ou en bâchant les habitations éventrées.

Reconnaissances et recherches

Encore un volet méconnu qui fait que toute opération de sapeurs-pompiers débute par une reconnaissance ou une recherche et que celles-ci peuvent se révéler vaines. L'immobilisation des véhicules et des personnels indispensables est néanmoins bien réelle.

Fausses alertes

C'est malheureusement une « activité » toujours prenante des centres de secours. Même si l'identification automatique de l'appelant mise en place dans l'ensemble des CTA, les Centres de traitement de l'alerte, a globalement réduit le nombre des fausses alertes dues à des appels fantaisistes. Mais il existe aussi les fausses alertes qui sont des demandes sincères à l'origine.

Une intervention toutes les 12 secondes !

A titre d'exemple, en France en 1997 il s'est déroulé **2 740 894** interventions

dont secours à victime
1 020 279

sorties pour prévenir un accident
539 509

interventions diverses
411 191

accidents de la circulation
367 219

incendies
298 358

opérations liées à l'environnement
104 339

Les SDIS, les Services départementaux d'incendie et de secours

Placé sous l'autorité d'un directeur départemental, chaque SDIS comprend un Corps départemental de sapeurs-pompiers, le CDSP, et un Service de santé et de secours médical, le SSSM. Le SDIS possède son propre conseil d'administration qui regroupe des élus locaux et a en charge l'organisation, le financement et le fonctionnement du service départemental. Une commission spéciale, la CATSIS, Commission administrative et technique des services d'incendie et de secours, est consultée sur les questions d'ordre technique et opérationnel.

La DDSC, Direction de la défense et de la sécurité civiles

Regroupant plus de 2800 personnes, la DDSC a pour principale mission la mise en oeuvre des mesures de défense civile et la protection des populations que ce soit au quotidien ou dans le cas de crise grave. Les services de la DDSC renforcent l'action locale des équipes de secours, au premier rang desquelles figurent les 240 000 sapeurs-pompiers départementaux, la Brigade des sapeurs-pompiers de Paris, le Bataillon des marins-pompiers de Marseille et les associations regroupant des secouristes bénévoles.

Les moyens d'intervention de la DDSC

6 états-majors de zone

3 Unités d'instruction et d'intervention de la sécurité civile, UIISC, basées à Nogent-le-Rotrou, Brignoles et Corte. Ces unités peuvent intervenir à tout moment soit en France, soit à l'étranger.

4 établissements de soutien opérationnel et logistique

18 centres de déminage

21 bases d'hélicoptères dont une base de commandement et logistique réunissant 33 hélicoptères.

1 base aérienne implantée à Marignane dans les Bouches-du-Rhône et disposant pour la lutte contre les feux de forêt, de 2 avions de commandement et 24 avions bombardiers d'eau de type Canadair CL 415, Tracker S 2F et Fokker F 27.

BSPP et BMPM, les sapeurs-pompiers militaires

Créée le 18 septembre 1811 par Napoléon Ier, la BSPP, Brigade des sapeurs-pompiers de Paris, dépend du ministère de la Défense. Forte de 7 500 militaires elle a pour mission la protection de la capitale et de ses départements limitrophes. Des éléments de la brigade peuvent cependant être détachés à l'extérieur de la capitale pour apporter un soutien opérationnel en hommes et en matériel lors de sinistres importants.

Le Bataillon des marins-pompiers de Marseille ou BMPM est la deuxième unité militaire de sapeurs-pompiers au service exclusif de la population. Il existe des corps de sapeurs-pompiers militaires dans la plupart des unités des trois armes mais qui n'interviennent qu'en interne. Le BMPM a été institué en 1939, à la suite du dramatique incendie des Galeries Lafayette de Marseille. Fort de 1 500 hommes, le bataillon assure la protection de la cité phocéenne ainsi que des communes limitrophes, des installations portuaires, des raffineries... Les tenues, les équipements et les matériels de ces deux unités militaires sont sensiblement identiques à ceux portés par les sapeurs-pompiers professionnels et volontaires. Seules, quelques disparités au niveau des galonnages, des insignes, de certains matériels et de certaines procédures opérationnelles permettent d'identifier ces hommes qui pour être de statut différent, n'en accomplissent pas moins les mêmes missions avec la même abnégation et le même dévouement.

Volontaire ?...
Professionnel ?...
Militaire ?...
Souvent difficile à déterminer pour le grand public.

Les ERP, établissements recevant du public font l'objet d'une attention particulière des autorités administratives et des sapeurs-pompiers.

Le schéma départemental d'analyse et de couverture des risques vise à répertorier toutes les situations pouvant être rencontrées par les sapeurs-pompiers. Qu'il s'agisse d'événements naturels...

...ou de sinistres de grande ampleur nécessitant le déploiement de moyens importants comme le PMA, Poste médical avancé comme ci-dessous.

Une activité importante : la prévention

Elle vise d'abord à assurer la sécurité des personnes qui seraient directement menacées par un incendie. Elle vise ensuite à protéger le public extérieur et les sapeurs-pompiers eux-mêmes, ainsi qu'à éviter les pertes en biens, occasionnées par le feu ou par l'écroulement des bâtiments. La réglementation de la « prévention incendie » regroupe l'ensemble des mesures destinées, d'une part à éviter la naissance d'un feu, d'autre part à en limiter ses effets si celui-ci se produit. Ces mesures portent sur la construction, les aménagements et les équipements techniques. Elles peuvent être passives comme les murs coupe-feu ou l'encloisonnement des escaliers ou actives lorsqu'elles concernent les extincteurs ou la détection. Ce sont ces mesures que les commissions de sécurité doivent analyser et contrôler. Les sapeurs-pompiers y ont une part très active en tant que techniciens du règlement de sécurité.

Les commissions de sécurité

Nées avec le décret du 7 février 1941, les commissions de sécurité dépendent d'une instance départementale, la CCDPCSA, la Commission consultative départementale de protection civile, de la sécurité et de l'accessibilité. C'est au sapeur-pompier préventionniste de préparer les dossiers pour que la commission émette un avis, favorable ou défavorable, à l'ouverture au public d'un bâtiment ou d'une structure d'accueil, que ceux-ci soient neufs ou rénovés. Ces bâtiments, réunis sous le vocable d'ERP, les Etablissements recevant du public, sont soumis à toute une batterie de contraintes en matière de matériaux, de construction, d'architecture, de circulation. Outre les sapeurs-pompiers, les commissions de sécurité réunissent des représentants de la Mairie, de la Gendarmerie, de l'Equipement.

ERP et PER

PRÉVISION ET PRÉVENTION

La prévision

Pour optimiser et renforcer les actions de secours, il a été mis en place, au fil des années, toute une batterie de plans qui visent à répertorier les sites les plus susceptibles de développer des sinistres importants, tant par leur nature propre que par leur situation ou leur configuration : sites industriels, immeubles de grande hauteur, établissements recevant du public...

Le SDACR, le Schéma départemental d'analyse et de couverture des risques

Le SDACR, dont l'élaboration est confiée au directeur départemental des services d'incendie et de secours, a pour mission de recenser tous les types possibles de risques rencontrés dans le département, qu'il s'agisse de risques courants, naturels ou technologiques. Ces risques sont minutieusement analysés (probabilité d'accident, effets sur la population, conséquence sur les biens et l'environnement...) afin de déterminer les moyens de secours nécessaires. Cette analyse peut amener un redéploiement des unités opérationnelles ainsi qu'une modification des moyens en matériel et en hommes des centres de secours.

Les PPI, Plans particuliers d'intervention

Ils définissent les précautions à prendre aux abords de sites qui présentent des risques particuliers tels que des installations industrielles importantes classées « Seveso », des stockages souterrains de gaz toxiques ou liquéfiés, des grands barrages, des sites comportant au moins une installation nucléaire de base et en général... tout lieu présentant des dangers graves.

Les PSS, Plans de secours spécialisés

Ils concernent les sinistres d'un type particulier tels que par exemple, les accidents ferroviaires ou autoroutiers, les lignes électriques à très haute tension, les transports d'hydrocarbures liquides et de gaz haute pression, ou encore les voies fluviales et maritimes... Ces plans, qui collent au plus près des besoins sur le terrain, se caractérisent par une très grande souplesse.

Les PER, Plans d'etablissement répertorié

Les Plans d'établissement répertorié permettent aux équipes de secours d'intervenir avec le maximum d'efficacité dans des sites, industriels ou non, présentant des risques particuliers et nécessitant des interventions spécifiques. Ces documents, réalisés par un prévisionniste en collaboration avec les sapeurs-pompiers du secteur concerné et les responsables de l'établissement, sont mis à la disposition de l'équipe des secours intervenant sur le site.
Ils comportent un plan précis de l'établissement : plan de situation avec tous les accès, plan des réseaux, alimentation en eau, mise en œuvre des engins d'incendie..., ainsi que des informations spécifiques aux sapeurs-pompiers : transmissions, échelons de secours, consignes particulières...
Une fois établi, le Plan ER est testé par une manœuvre sur le site qui en valide le contenu et le déclare alors « opérationnel ».

Les « Parcellaires »

Ce sont des plans particuliers où figure sur une zone précise tout ce qui peut améliorer la prise de décision et l'efficacité des secours : les points d'eau, les poteaux et bouches d'incendie, les sens de circulation, les canalisations présentes dans le sol...

Les ERP qualifient les Etablissements recevant du public et les PER sont les Plans d'établissement répertorié. Deux composantes de la prévention, mission importante des sapeurs-pompiers.

En France, aux termes de la directive européenne « Seveso » du 24 août 1982, quelque 600 sites industriels nécessitent une étude de danger et l'établissement d'un Plan particulier d'intervention (PPI). S'ajoutent à ces risques, ceux des 27 sites nucléaires, de 14 stockages de gaz souterrains, de 21 gares de triage...

Quelques chiffres...

En France, au 1er janvier 2000...

CPI, Corps de première intervention	5 042
CS, Centres de secours	2 722
CSP, Centres de secours principaux	513

Dans les centres de secours, le garage a conservé le nom traditionnel de « remise », ultime rappel de l'époque où les sapeurs-pompiers « décalaient » - encore une expression d'époque - avec leurs chevaux.

CPI, CS et CSP

LES DIFFERENTS CENTRES DE SECOURS

L'organisation sur le terrain

Les centres des secours présentent de nombreuses disparités tant dans l'importance des moyens mis en œuvre que dans l'architecture et l'organisation interne des locaux. Il existe trois grands types de centres, du plus important que sont les CSP, Centres de secours principal, au plus petit que sont les CPI, Centres de première intervention, en passant par les CS, Centres de secours.

Les CSP, Centres de secours principaux

Ces centres doivent pouvoir assurer simultanément - le mot simultanément est déterminant - un départ en intervention pour une mission de lutte contre l'incendie, deux départs en intervention pour une mission de secours d'urgence aux personnes et un autre départ en intervention.
L'encadrement minimum en officiers est constitué d'un capitaine, chef de centre et trois lieutenants.

Les CS, Centres de secours

Leur organisation interne et les moyens en hommes et en personnel à disposition doivent être capables d'assurer simultanément au moins un départ pour une mission de lutte contre l'incendie ou un départ en intervention pour une mission de secours d'urgence et un autre départ en intervention quel qu'en soit le type.
Le CS est placé sous la responsabilité d'au moins un officier, chef de centre et deux lieutenants.

Les CPI, Centres de première intervention

Ce type de centre doit assurer au moins un départ en intervention que ce soit pour une mission de lutte contre l'incendie ou tout autre type de mission.

LES DEPARTS DE FEU

Quelques combinaisons de « départs de feu types ». Ces départs, qui concernent ici une grande ville disposant de plusieurs centres de secours importants, peuvent bien sûr varier d'un corps à un autre.

1 - Bâtiments

Habitation
2 FPT / 1 VL

Habitation à étage
2 FPT / 1 EPA / 1 VSAB / 1 VL

Immeuble :
4 FPT / 3 EPA / 2 VSAB / 1 VL / 1 VPC

Cave :
2 FPT / 1 EPA / 1 VSAB / 1 VL / 1 FEV / 1 FC

Etablissement recevant du public :
3 FPT / 1 EPA / 1 VSAB / 1 VL / 1 DA si manque d'eau

Site industriel :
3 FPT / 1 EPA / 1 VSAB / 1 VL / 1 VSR hors heures d'ouverture / 1 DA si manque d'eau

Feux industriels spéciaux :
2 FPT / 1 TRIEX / 1 VL

Parking :
2 FPT / 1 VSAB / 1 VL / 1 VAR / 1 FEV / 1 EPA si bâtiment au-dessus

Ferme :
2 FPT / 1 VSAB / 1 VL / 1 DA si manque d'eau / 1 CCF si problème d'accès

Silo :
2 FPT / 1 EPA / 1 VL / 1 DA si manque d'eau / 1 CCF si problème d'accès

2 - Milieu naturel

Chemin :
1 FPT

FAN 1 :
1 FPT / 1 CCF / 1 VLHR / 1 FPT par point sensible

FAN 2 :
1 groupe d'attaque de 3 CCF / 1 CCGC / 1 VLHR par 100 mètres de front de feu.

FAN 3 :
2 groupes d'attaque par 100 mètres de front de feu, ajouter 1 VPC / présence d'un officier breveté feux de forêts

Ce sont la géographie et les trois niveaux météorologiques - risque naturel, sévère ou très sévère - qui déterminent le niveau du FAN.

3 - Moyens de transport

Voiture de tourisme :
1 FPT / 1 VTU ou 1 VSR pour balisage

Carambolage :
1 FPT / 4 VSAB / 2 VSR / 1 VL

Poids lourd :
2 FPT / 1 VTU ou 1 VSR pour balisage

Poids lourd transportant des matières dangereuses :
3 FPT / 1 CMIC / 1 TRIEX / 1 VSAB / 1 VL / 1 BDCT / 1 FIPD / 1 VSR ou 1 VTU / 1 FMOGP

Autobus :
2 FPT / 1 VTU ou 1 VSR si balisage
Au dessus de 10 victimes : activation Plan Rouge

Tramway :
2 FPT / 1 VSAB / 1 VL / 1 CCF si accès difficile

Train :
2 FPT / 1 VSAB / 1 VL / 1 CCF si accès difficile

Train de marchandises :
4 FPT/ 2 VSAB / 1 DA / 1 CMIC / 2 CCF / 1 BDCT / 1 FIPD / 1 TRIEX / 1 PC / 1 FMOGP / Réserve émulseur / Prévoir DA CCF / présence d'un médecin sapeur-pompier

Train de voyageurs :
3 FPT / 2 VSAB / 1 VL / 1 PC / si plus de 10 victimes : activation Plan Rouge / 1 DA si besoin en eau / 1 CCF si accès difficile

Bateau :
1 à 5 FPT selon importance, 1 VPL ou 1 CSL / 1 VL / Réserve émulseur selon importance

Bateau de transport de marchandises :
4 FPT / 1 VSAB / 1 EPA / 1 VPL / 1 PC / 1 VL / 1 CMIC / 1 BDCT / 1 FIPD / 1 FMOGP / 1 FC / 1 DA / Réserve émulseur / présence d'un médecin sapeur-pompier

Bateau de transport de voyageurs :
4 FPT / 3 VSAB / 1 FC / 1 VL / 1 PC / 1 VPL / 1 EPA / 1 DA / 1 FMOGP / Réserve émulseur / présence d'un médecin sapeur-pompier.
Si plus de 10 victimes : activation du Plan Rouge

Avion de tourisme :
3 FPT / 1 TRIEX / 2 VSAB / 1 PC / 1 VSR / 1 FMOGP / Emulseur / présence d'un médecin sapeur-pompier / Prévoir CCF

Avion de ligne :
5 FPT / 1 DA / 1 TRIEX / 1 EPA / 2 VSAB / 1 PC / 1 VL / 1 FMOGP / Emulseur / 1 VSR / présence d'un médecin sapeur-pompier / Prévoir CCF

Plan Rouge :
4 FPT / 4 VSR / 10 VSAB / 1 PMA / 1 VPC / 1 VL

Pour s'y retrouver...

BDCT - Berce dépollution chimique et technique
CCF - Camion-citerne forestier
CCGC - Camion-citerne grande capacité
CMIC - Cellule mobile d'intervention chimique
DA - Dévidoir automobile
EPA - Echelle pivotante automatique
FAN - Feu d'aire naturelle
FC - Fourgon-compresseur
FEV - Fourgon électro-ventilateur
FIPD - Fourgon d'intervention pollution dépollution
FMOGP - Fourgon mousse grande puissance
FPT - Fourgon-pompe tonne
PMA - Poste médical avancé
TRIEX - Véhicule ou remorque tri-extincteur
VAR - Véhicule d'assistance respiratoire
VL - Véhicule de liaison
VLHR - Véhicule de liaison hors route
VPC - Véhicule poste de commandement
VPL - Véhicule plongeurs
VSAB - Véhicule de secours aux asphyxiés et aux blessés
VSR - Véhicule de secours routier

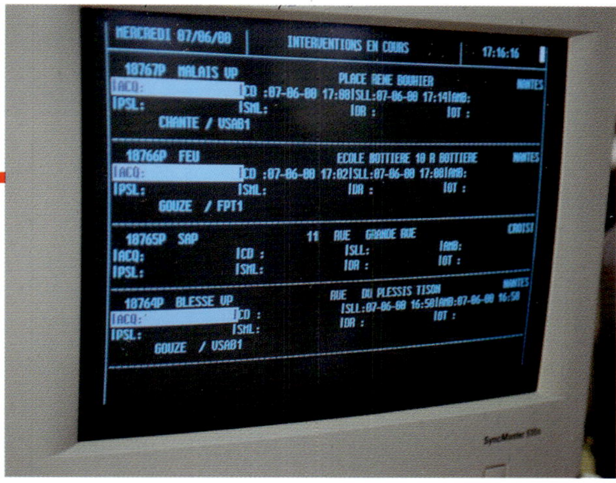

CODIS et CTA

L'ALERTE ET LA GESTION DES MOYENS

Une organisation très structurée

Dans chaque département de l'Hexagone, il existe un CODIS, un Centre opérationnel départemental d'incendie et de secours. C'est cette structure qui assure la coordination de l'activité opérationnelle des secours sur l'ensemble du département. Chaque CODIS est relié à un ou plusieurs CTA, Centre de traitement de l'alerte, dont la fonction est de recevoir, de traiter, voire de réorienter les appels d'assistance transmis par le 18. Au standard du CTA, l'« opérateur 18 », encore appelé stationnaire, c'est-à-dire le sapeur-pompier qui reçoit la demande de secours au téléphone, a pour mission de collecter le maximum d'informations précises objectives et quantifiables sur l'accident ou le sinistre. Il « entre » ces informations au fur et à mesure dans le système informatisé d'aide à la décision qui détermine les moyens et personnels à activer. Le CODIS gère l'emploi des forces et leur adaptation en fonction de l'ampleur et de l'évolution de l'intervention : engagement d'un premier détachement suivant le départ type prévu, acheminement de renforts, établissement d'un Poste de commandement mobile (PCM)… C'est la montée en puissance !

La gestion et l'optimisation des moyens

A chaque appel de demande de secours correspond un départ spécifique. C'est au stationnaire au téléphone d'essayer de collecter le maximum d'informations sur l'accident ou le sinistre pour trouver la riposte adaptée. Il est aidé dans sa prise de décision par des logiciels qui tiennent compte bien sûr des causes du sinistre mais aussi du nombre de personnes impliquées, de la situation géographique, des conditions météorologiques et des moyens déjà engagés sur d'autres opérations.

Au CTA, le Centre de traitement de l'alerte, les stationnaires - personnels qui reçoivent les appels et organisent les départs - se relaient par équipe pour assurer une veille 24 heures sur 24.

CHAPITRE 3

De tous les temps, la lutte contre la fureur des flammes a été le plus noble des objectifs que se sont donnés les sapeurs-pompiers. La diversité et la complexité des matériels et des techniques utilisés lors des sinistres ne doivent pas nous faire oublier que le danger et quelquefois l'accident, voire la mort sont au rendez-vous.

LA LUTTE CONTRE LE FEU

Le feu peut se propager et s'étendre à une vitesse stupéfiante, profitant du moindre recoin pour se développer.

Le danger est partout...

LE TRIANGLE DU FEU

LE FEU, L'ENNEMI A COMBATTRE

Une alchimie complexe

L'évolution d'un feu obéit à la combinaison de trois facteurs : la chaleur, l'air, appelé aussi comburant et le combustible. La chaleur est transmise à la fois à l'air ambiant et au combustible.
Les deux mélangés provoquent le feu.
En supprimant un des trois facteurs en présence, on arrête l'évolution du feu.
En supprimant, sous de la mousse par exemple, son contact avec l'air, on l'étouffe...

Les quatre classes de feux

Les feux ont été classés en quatre catégories qui réunissent des produits combustibles dont le comportement est relativement proche.

Classe A - matériaux solides : bois, papier, carton, textile, charbon...
Classe B - matériaux liquides : hydrocarbures, solvants, alcool, graisses, acides...
Classe C - matériaux gazeux : butane, propane, hydrogène, acétylène...
Classe C - matériaux métalliques : aluminium, magnésium, sodium...

Les phénomènes de combustion

La combustion qui résulte de la conjonction des trois éléments cités plus haut, combustible, comburant et source de chaleur, peut prendre trois aspects différents. Elle peut être lente avec un dégagement de chaleur insuffisant pour provoquer une flamme comme par exemple de la rouille sur un morceau de fer. Dans les cas les plus couramment rencontrés par les sapeurs-pompiers, elle est qualifiée de combustion vive : feux de bois, de papier...
Dans le cas le plus dramatique d'une explosion, l'ensemble air-gaz combustible s'enflamme instantanément très brutalement. C'est le « flash » qui intervient par exemple dans les feux d'hydrocarbures. Cette combustion instantanée s'accompagne d'une onde de choc souvent dévastatrice.

La propagation du feu

C'est le développement puis le transport de grandes quantités de calories (énergie) qui sont responsables de la propagation d'un incendie.
En premier lieu, le feu se répand par conduction en se propageant directement d'un matériau à un autre, proche de lui. Il peut aussi se propager par simple rayonnement. Un bâtiment en flammes peut ainsi mettre le feu à un bâtiment voisin distant de plusieurs mètres ou dizaines de mètres uniquement par le rayonnement énergétique des flammes.
Le feu peut aussi se propager par convection, c'est-à-dire par l'ascension des gaz chauds qui peuvent créer un incendie plusieurs étages plus haut que l'incendie primaire. Autant de situations et donc autant de difficultés que les sapeurs-pompiers doivent analyser avant toute intervention, d'où l'importance des reconnaissances effectuées à l'arrivée sur les lieux du sinistre.

Les multiples dangers de la combustion

Face à un incendie, le danger pour le sapeur-pompier prend plusieurs formes. Il y a d'abord les plus perceptibles que sont la chaleur et les flammes dont le rayonnement peut provoquer tout d'abord une déshydratation rapide du corps, puis, si l'effet persiste, des problèmes respiratoires et enfin des brûlures si l'on s'approche trop près du foyer. Le port combiné de la veste de feu, du casque F1 et de l'appareil respiratoire isolant (ARI) permet de pallier en grande partie ces attaques. Les fumées dégagées par l'incendie sont aussi une source de danger en gênant les personnels dans leur action. Si elles rendent la visibilité difficile, voire impossible, elles sont aussi très dangereuses par leur teneur en produits

« Une minute, un verre d'eau Deux minutes, un seau d'eau Trois minutes, un tonneau... »

Commentaire - avisé - de Louis Lépine (1846 - 1933) alors préfet de police de Paris.

« Le feu est un bon serviteur, mais un mauvais maître »

Dicton populaire.

toxiques… Beaucoup plus insidieuses sont les actions néfastes du manque d'oxygène et de la présence de gaz toxique provenant de la combustion elle-même. La raréfaction de l'oxygène de l'air peut provoquer la mort tout comme la présence de gaz dont la présence n'est pas visible à l'œil nu. Les plus fréquemment rencontrés sont le monoxyde et le dioxyde de carbone. Le port de l'ARI protège de tous ces types d'émanation.

Quels besoins en eau ?

L'étude approfondie des différents types d'incendie et des conditions d'extinction a amené les techniciens à définir les temps moyens d'opération ainsi que les besoins en eau qui en découlent. Il a donc été calculé un risque moyen qui comporte deux données essentielles. La durée moyenne d'une extinction a été établie à 2 heures. Ces 2 heures de manœuvre se divisent en 1 heure d'attaque et d'extinction très gourmande en eau, suivie d'une demi-heure de neutralisation, suivie elle-même d'une autre demi-heure consacrée aux déblais. Il a été aussi déterminé que « l'incendie moyen », pour être « traité » en 2 heures, nécessitait l'emploi de deux grosses lances au débit unitaire de 30 m^3/heure soit un besoin total de 120 m^3.
En tout temps et en tout lieu, les équipes envoyées sur un incendie doivent pouvoir trouver sur place cette quantité d'eau. Pour ce faire, il existe deux moyens : le point d'eau naturel ou artificiel ou le réseau d'eau.

Bouches et poteaux d'incendie

Communément appelés hydrants, les bouches et poteaux d'incendie parsèment le réseau d'incendie qui doit impérativement débiter 17 litres par seconde sous un bar de pression. La différence entre une bouche d'incendie et un poteau réside dans sa situation. La bouche d'incendie, d'un diamètre de 100 ou de 150 mm, affleure au niveau du sol et nécessite le montage d'un coude d'alimentation ou d'une retenue. Le poteau d'incendie permet l'utilisation directe du réseau d'eau sans faire appel à une pièce de jonction. Chaque poteau peut recevoir une ligne de 100 mm ou bien deux lignes de 65 mm. Toutes les opérations de mise en œuvre du poteau sont effectuées avec la clé à poteau appelée aussi « clé fédérale ».

Les feux de cheminée

L'appareil d'extinction est le classique et déjà ancien seau-pompe muni de son pulvérisateur. Le sapeur-pompier remplit celui-ci avec un seau. Pour effectuer des trouées éventuelles dans le toit, les murs, les cloisons, une hachette, un ciseau et une massette peuvent être utilisés. Si l'intervention se fait à partir du toit, le sapeur-pompier doit utiliser une échelle de couvreur pour progresser et un cordage ou un lot de sauvetage pour se sécuriser.

L'inflammation des gaz chauds
se produit à une certaine distance du sol.

La pompe d'un FPT, Fourgon-pompe tonne
La pompe est entièrement fabriquée en inox et en bronze, seuls métaux insensibles à la corrosion. Elle est entraînée par le moteur du véhicule en utilisant un système de transmission qui permet d'obtenir des variations de rotation entre 800 tours / minute et plus de 4 000 tours / minute, régime indispensable pour obtenir la haute pression. Cette haute pression, qui peut atteindre 44 bars est particulièrement utilisée dans les incendies de voitures où, utilisée avec très peu d'eau on se sert de la puissance de l'air pour littéralement « souffler » le feu. La pompe présentée ici est du type autorégulée, c'est-à-dire que, quel que soit le nombre de lances alimentées par la pompe, la pression reste constante.

FPT et MPR

AMENER L'EAU SOUS PRESSION

Le FPT, Fourgon-pompe tonne

Celui que tout le monde appelle « le camion de pompier », c'est lui. Sa terminologie officielle est plus précise : Fourgon-pompe tonne NFS 61525. Comme son nom l'indique, il emporte avec lui une pompe de 1 500 l/min sous 15 bars entraînée par le moteur de l'engin et une citerne de 2 000 litres d'eau pour attaquer l'incendie dès son arrivée sur les lieux. Il contient dans ses coffres un lot important de matériels les plus divers : lances, tuyaux, raccords et divisions pour établir plusieurs lignes, lance à mousse, émulsifiant et différents matériels permettant de mener à bien des opérations de sauvetage élémentaire. Dans la cabine qui accueille huit sapeurs-pompiers, les ARI, Appareils respiratoires isolants, sont arrimés sur les sièges, prêts à être endossés pendant le trajet. A l'arrière, deux dévidoirs mobiles armés chacun de 200 m de tuyaux. Le FPT est l'élément principal du « départ type » pour les incendies. Plus puissant que le VPI, Véhicule de première intervention — anciennement appelé Premier secours ou PS — ou le FPT léger, il peut opérer seul sur des feux d'une certaine importance puisqu'il peut mettre en batterie et alimenter trois grosses lances de 65/18 à 200 m d'un point d'eau. En règle générale, le premier FPT se place de façon à permettre la mise en station d'une échelle, alors que le deuxième arrivé se place au point d'eau. Les autres engins participant à l'opération se répartiront au point de rassemblement prévu par le chef de groupe ou par le plan ER, plan particulier d'un établissement répertorié, donc présentant un risque accru. Le FPT emmène à son bord un officier ou sous-officier chef d'agrès, un chauffeur et six hommes répartis en trois binômes. Le matériel d'extinction embarqué se compose de tuyaux et de lances de différentes sections. En tuyaux de refoulement, 600 m de tuyaux de 70 mm dont 400 m roulés sur les dévidoirs et 200 m roulés en couronnes de 20 m à l'intérieur des coffres. En diamètre de 45 mm, le FPT emporte 200 m de tuyaux roulés en couronnes de 20 m. Pour les premières interventions, on utilise les 80 m de tuyau semi-rigide de 20 mm monté sur le dévidoir tournant. En tuyaux d'alimentation et suivant la puissance de la pompe, 5 ou 10 aspiraux de 100 mm et 5 à 10 m de tuyaux de 110 mm roulés en couronne.
En équipement lances : trois grosses lances GL de 65/18 avec diffuseur mixte, quatre petites lances PL de 40/14 avec diffuseur mixte sans oublier la petite lance de 20/7 de première intervention montée sur le dévidoir tournant.
Il est à remarquer que ces types de lances tendent à disparaître au profit des LDV, Lances à débit variable, qui permettent d'obtenir tout l'éventail des puissances avec un seul modèle.
Le FPT a aussi dans ses coffres tout un ensemble de matériel d'exploration et d'éclairage, quatre ARI, Appareil respiratoire individuel, et leurs bouteilles de rechange, des commandes et des grappins, des projecteurs portatifs de sûreté, des pièces de jonction (raccords, divisions, collecteur…). Des matériels divers, extincteurs à poudre, crépine et flotteur, appareil pulvérisateur pour feux de cheminée, échelles, matériel de sauvetage, outils de forcement et de déblai, complètent l'armement de l'engin.

Le tableau de bord arrière sur un FPT, Fourgon-pompe tonne
A gauche en haut le manomètre de basse pression et en bas, celui de haute pression. Au milieu, la rangée de témoins lumineux renseigne le fontainier sur le niveau de remplissage de la tonne de 3 000 litres. Sur la partie droite du tableau de bord, en haut, le vacuomètre donnant l'indice de pression/dépression et en bas, le compte-tours indiquant le régime de la pompe.

FICHE
TECHNIQUE

FPT

FOURGON-POMPE TONNE

FICHE TECHNIQUE

Longueur :	7,5 m sans treuil 8 m avec treuil
Largeur :	2,5 m
Hauteur :	3,2 m
Habitacle :	8 places assises 4 portes
Pompe :	Centrifuge multicellulaire fournissant au minimum 1500 l/min sous 15 bars de pression

Amorceur à anneau d'eau ou à éjecteur hydraulique

Alimentation :	1 orifice de 100 mm ou 2 si pompe 2000/15
Refoulement :	1 orifice de 40 mm 2 orifices de 65 mm 1 orifice de 100 mm ou 2 si pompe 2000/15

1 orifice de 20 mm pour la LDT, la Lance de dévidoir tournant

FPT

FPT et MPR

Le FPT appartient à catégorie des engins porteurs d'eau... comme nous le prouve cette photo d'une fin d'intervention.

Le matériel d'aspiration
A gauche les trois aspiraux de 100 sur lesquels vient se monter la crépine, visible en haut à droite. Celle-ci est maintenue entre deux eaux, arrimée à un flotteur, afin d'éviter d'aspirer la vase du fond. Au premier plan, une couronne d'alimentation de 70 et sa lance à débit variable.

La MPR, la Moto-pompe remorquable

Si la principale utilisation de la MPR, Moto-pompe remorquable, est l'alimentation à distance des engins pompes particulièrement en site rural, elle peut aussi être utilisée pour établir directement des lances ou pour des établissements en relais. L'engin est composé d'une pompe hydraulique couplée à un moteur thermique. L'engin est donc complètement indépendant et peut être mis en aspiration dans un plan d'eau ou en refoulement sur une bouche ou un poteau d'incendie. Il existe trois types de MPR, chacune se différenciant par ses performances hydrauliques. En premier, la « petite » MPR 60 qui débite 100 litres à la minute sous 10 ou 15 bars. Sous les mêmes pressions, nous trouvons la « moyenne » MPR 90, de 1 500 l/min de puissance. Et pour achever cette montée en puissance, tout en haut de l'échelle — si vous nous permettez l'expression — nous avons la MPR 120 qui « crache » ses 2 000 litres sous 15 bars de pression.

Les sapeurs-pompiers utilisent des moto-pompes de tous types. Comme cette pompe thermique flottante qu'il suffit de déposer sur un point d'eau.

VLC et PCM

LE COMMANDEMENT SUR LE TERRAIN

Le VL, le Véhicule de liaison et le VLHR, le Véhicule de liaison hors-route
Ce type de véhicule assure le transport rapide du chef de groupe assurant l'encadrement de l'opération.

Le VLC, le Véhicule léger de commandement et le VLPC, le Véhicule léger poste de commandement
Eventuellement utilisé seul par l'officier de permanence, le VLPC, Véhicule léger poste de commandement, a pour but de prendre le relais du CODIS, Centre opérationnel départemental d'incendie et de secours, pour la coordination des opérations sur le terrain. A cet effet, il dispose d'un réseau radio tactique indépendant des liaisons classiques et composé de postes ERM, Emetteurs-récepteurs mobiles, et ERP, Emetteurs-récepteurs portatifs. Le VLPC peut aussi, associé à d'autres VLPC, intégrer le dispositif de « PC Départemental Sapeurs-Pompiers » ou constituer un PC opérationnel ORSEC.

Véhicule Léger de Commandement
A l'intérieur du véhicule se trouve tout le nécessaire de transmissions avec des talkies-walkies, des cartes et des aides à la décision. Au premier plan, la chasuble marquée « officier de garde ».

Le PCM, le Poste de commandement mobile

Le poste de commandement mobile est l'échelon le plus élevé dans les structures de commandement pouvant être déployées sur le terrain. Véritable centre opérationnel mobile, il dispose de moyens importants d'analyse, d'aide à la décision et de transmissions.

Etablissement d'un PCM, poste de commandement mobile lors d'un incendie de forêt.

Les autres moyens aériens

Plus connu sous l'ancien vocable de BEA ou CBEA, pour Camion bras élévateur articulé, le MEA est un complément des échelles aériennes. L'avantage primordial du MEA est de pouvoir surplomber carrément le bâtiment ou la zone du sinistre. Les MEA sont de deux types : à deux bras articulés ou à bras télescopique mais tous sont munis en extrémité du bras d'une plate-forme ou d'une nacelle pouvant recevoir jusqu'à 300 kg de charge. Son équipement habituel est une lance fixe, de type « Monitor », et des sorties de refoulement permettant d'alimenter d'autres lances. Certains modèles sont équipés de rampes de type « rideau d'eau » pour la protection des personnels. La longueur du bras déployé peut atteindre 46 m pour les modèles les plus performants. Avant tout prévu pour l'attaque des feux, le MEA peut être utilisé pour les sauvetages soit en discontinu au moyen de la nacelle en va-et-vient, soit en continu au moyen du dispositif EVZ, plus connu sous le nom de « chaussette » et qui consiste en un tube de tissu élastique qui permet d'amener au sol et en douceur les victimes réfugiées dans les hauteurs.

Le cas particulier des immeubles de grande hauteur

Pour les IGH, Immeubles de grande hauteur, il a fallu concevoir des échelles aériennes qui soient vraiment à la hauteur. Ainsi est née une des plus grandes échelles du monde d'une portée de 53 m grâce à son parc d'échelles à six plans. Son équipement comprend pour l'attaque, une lance-monitor installée en bout de parc débitant jusqu'à 120 m^3 et commandée depuis le sol. Pour le sauvetage, à la classique nacelle pouvant emporter un brancard, on peut substituer un ascenseur pouvant évacuer jusqu'à soixante personnes à l'heure à raison de trois personnes par voyage. Construite en 1999, l'EPA 53 présentée pages suivantes est de type DLK 53, dotée d'un système hydraulique à 160 bars de pression. La stabilisation de l'engin est assurée par quatre vérins de 4,5 m de développement.

EPA et MEA

LES MOYENS AERIENS EN OPERATION

Les échelles aériennes

L'autre élément remarquable pour le grand public lors d'une intervention pour incendie est incontestablement la « grande échelle ». Son rôle est double : d'une part assurer aux étages supérieurs des immeubles les sauvetages par l'extérieur lorsque l'accès est impossible par les escaliers, et d'autre part, attaquer le feu en le dominant. Elle est aussi employée pour les reconnaissances, les établissements de tuyaux en étage, comme supports d'éclairage… Chaque type d'échelle a des utilisations bien précises. L'échelle peut être du type EPA, Echelle pivotante automatique, EPSA, Echelle pivotante semi-automatique, ER, Echelle remorquable, ESP, Echelle sur porteur, ou EMP, Echelle motorisée sur porteur… Chaque échelle a des utilisations bien particulières. Par exemple, les échelles sur porteur sont indispensables dans les rues qui sont trop étroites pour laisser passer les engins ou dans des cours exiguës où il est impossible d'accéder avec une EPA, montée à demeure sur un véhicule souvent imposant.

L'EPA, la « grande échelle »…

C'est le modèle le plus couramment rencontré dans le parc des échelles aériennes. Ses atouts sont nombreux. Elle peut dresser, en moins d'une minute, 30 m d'échelles, voire jusqu'à 42 m pour les modèles les plus performants. Les EPA sont souvent équipées d'une nacelle articulée pouvant emporter trois hommes et très utile pour évacuer des personnes ou attaquer le feu au moyen de lances. Elle est dite automatique car toutes les manœuvres — dressage, déploiement, rotation et mise à l'aplomb — peuvent être réalisées simultanément en utilisant le moteur du véhicule. Par contre, l'EPSA, l'Echelle pivotante semi-automatique, ne peut exécuter certaines manœuvres simultanément et doit faire appel à certaines commandes manuelles.

Pour déployer le parc d'échelles et assurer toutes les manœuvres de rotation et d'inclinaison, l'EPA qui dispose d'un tableau de bord sophistiqué fait abondamment appel à l'électronique.

FICHE TECHNIQUE

EPA 30

L'ECHELLE PIVOTANTE AUTOMATIQUE DE 30 M

FICHE TECHNIQUE

Type : DLK 23 - 12 Vario CC
Puissance utile : 196 kW / 266 Ch
Longueur : 10 m
Largeur : 2,5 m
Hauteur : 3 m
Poids total : 14 t
Equipage : 3 hommes
Parc d'échelles : 4 plans
Longueur maximale de l'échelle : 30 m

Hauteur de sauvetage nominale 23 m. avec la portée nominale : 12 m

L'EPA est équipée en bout d'échelle d'une nacelle articulée permettart d'assurer les sauvetages mais aussi d'intervenir sur l'incendie au moyen de grosses lances.

EPA 30

FICHE TECHNIQUE

EPA 53

L'ECHELLE PIVOTANTE AUTOMATIQUE DE 53 M

FICHE TECHNIQUE

Type :	DLK 53
Longueur :	11,4 m
Largeur :	2,5 m
Hauteur :	3,6 m
Poids :	25 t.
Hauteur de sauvetage :	53 m

Équipé d'une nacelle et d'un ascenseur

Système hydraulique 80 bars

Système de stabilisation hydraulique 160 bars

Parc d'échelles : 6 plans en acier

Longueur maximale de l'échelle 53 m

Plateforme de sauvetage : capacité 180 kg - 2 personnes

Accessoires :

- lance-monitor à télécommande électrique
- support brancard
- groupe électrogène 5kVA sur support coulissant
- ventilateur

EPA 53

Les 10 commandements de la protection collective

1 - Garder toujours le contact
2 - Agir en concertation
3 - Respecter les consignes
4 - Réfléchir avant d'agir
5 - Surveiller l'environnement
6 - Prévenir du danger
7 - Penser au repli
8 - Faire passer les messages
9 - Réaliser la mission
10 - Rendre compte.

Le binôme : assurer une meilleure efficacité des actions par la complémentarité mais aussi garantir la sécurité des équipiers.

La technique opérationnelle

Pour éteindre le plus rapidement possible un incendie, chaque équipe doit suivre un plan soigneusement préparé et souvent répété qui comporte plusieurs phases.

1 - La reconnaissance

Effectuée par le chef d'agrès dès l'arrivée du fourgon sur les lieux, elle permet d'estimer l'importance du sinistre et d'examiner rapidement les lieux où va se dérouler l'intervention.

2 - Le sauvetage des personnes

Dans le cas où des personnes sont menacées directement par l'incendie, la priorité est donnée à leur mise en sécurité. Ces interventions peuvent être menées parallèlement à l'attaque du feu.

3 - Les opérations d'extinction

Conformément aux décisions du chef d'agrès, des lignes sont établies pour alimenter une ou plusieurs lances et attaquer les flammes.
Simultanément, les équipiers assurent la protection maximum des biens contre les dégâts des flammes mais aussi de l'eau. Cette notion de protection des biens est très importante.
Une fois les flammes éteintes, la tâche des équipes ne s'arrête pas là puisqu'elles doivent assurer à la fois la surveillance du site pour éviter toute reprise du feu et le déblaiement des débris résultant de l'incendie.

BAL et BAT

BINOME D'ALIMENTATION ET BINOME D'ATTAQUE

Le binôme ou les nouvelles techniques opérationnelles

En zone urbaine, un « premier départ de feu » type mobilise réglementairement deux FPT, Fourgon-pompe-tonne, une EPA, Echelle pivotante automatique, et un VL, Véhicule de liaison qui emporte le chef de garde. Arrivé sur les lieux et après une reconnaissance rapide du chef de garde pour évaluer l'importance du sinistre et des moyens d'attaque nécessaires, l'ensemble des manœuvres dépend exclusivement de binômes, c'est-à-dire des équipes réunissant systématiquement deux hommes pour une même action. Chaque binôme composé d'un chef et d'un équipier se voit alors confier par le chef d'agrès une mission précise qu'il doit accomplir avant de revenir se mettre à disposition. Cette nouvelle façon d'opérer qui remplace la traditionnelle équipe des chef, sous-chef et servant, améliore de façon sensible l'efficacité et la sécurité. Un engin est servi par un ou plusieurs binômes.
Prenons par exemple un FPT emportant huit équipiers (trois binômes, un conducteur et le chef d'agrès) qui arrive sur les lieux d'un incendie. Pendant le trajet dans le fourgon, le chef d'agrès a donné les fonctions des binômes. Le BAT, Binôme d'ATtaque doit attaquer l'incendie au moyen d'une lance dès l'établissement de l'alimentation par la deuxième équipe, appelée BAL, Binôme d'ALimentation. Le troisième binôme reste à la disposition du chef d'agrès.
Le chef d'un BAT emporte une lance, un tuyau et un projecteur, son équipier porte deux tuyaux et une commande. Le chef et l'équipier d'un BAL prennent le dévidoir et sa division ainsi qu'éventuellement du matériel sur ordre.

C'est par un arrêté ministériel en date du 3 février 1999 qu'il est décidé que désormais, l'établissement de lances serait assuré par une équipe de deux sapeurs-pompiers, le binôme. Ce travail en binôme a bouleversé les habitudes des sapeurs-pompiers qui travaillaient par équipe de trois. Ce nouveau principe doit renforcer la sécurité tout en simplifiant les procédures en réduisant le nombre des manœuvres.

Porte-lance et double porte-lance

Le porte-lance est certainement le personnel le plus exposé lors de l'attaque d'un incendie.
Concentré sur sa mission qui est d'empêcher la propagation des flammes, il doit s'approcher au plus près du foyer pour que le jet de sa lance soit au maximum de son efficacité. Ne pouvant l'assurer lui-même, sa protection individuelle est confiée à son coéquipier appelé double porte-lance et qui se trouve derrière lui. Tout en aidant son porte-lance dans sa progression, il surveille les reprises de feu éventuelles et tout ce qui pourrait survenir inopinément dans le déroulement de l'attaque comme par exemple la chute de débris.

Tenue de feu
Le casque F1 dont la visière or a été abaissée est équipé d'une lampe d'approche. A droite le masque et la bouteille d'air comprimé de l'ARI, l'appareil respiratoire isolant que nous allons étudier en détails dans les pages suivantes.

Tenue de feu de caporal-chef
Le casque F1 est posé sur la veste de feu. Celle-ci porte dans sa partie inférieure une bande de couleur orange spécifique des sous-officiers. Les sapeurs du rang portent une bande rouge, les officiers, une bande blanche. Cette même bande de couleur se retrouve à l'arrière du casque. Le grade amovible de poitrine identifie un caporal-chef. Les vestes de feu sont soit en textile ignifugé, soit comme ici, en cuir. Les sapeurs-pompiers disent « en peau ». A remarquer, la cagoule en tissu ignifugé « Nomex » portée systématiquement avec le casque en intervention et, posée dessus, le ceinturon de sécurité réfléchissant.

Plusieurs épaisseurs de gants
En dessous de la combinaison, le sapeur-pompier porte des gants enfilés l'un sur l'autre. Au premier plan, gants légers de soie noire, à gauche gants en Kevlar garnis de pastilles en caoutchouc anticoupures. En haut, à côté de la cagoule en filet portant l'ostéophone du système de radio, une paire de gants en caoutchouc pour la manipulation des produits corrosifs.

SPF 1

LA TENUE DE FEU

Les différentes tenues de feu

La tenue de feu portée par le sapeur-pompier a connu au fil des ans de nombreuses évolutions. Elle se compose aujourd'hui d'une veste de feu portée sur un pantalon de treillis et un ensemble de sous-vêtements en coton. Pour la veste de feu, le cuir a été reconnu et adopté comme rempart idéal contre la chaleur. Si aujourd'hui certains corps continuent de porter la « veste de peau » - comme l'appellent traditionnellement les sapeurs-pompiers - d'autres se sont tournés vers le sythétique qui a fait des progrès considérables dans ses capacités de résistance aux agressions thermiques. Depuis 1994, la veste de feu, de coupe trois quarts, porte réglementairement des bandes réfléchissantes, blanches au niveau des épaules et des jambes et de couleur spécifique suivant le grade en partie basse de la veste. La couleur est orange pour les caporaux et les sapeurs, jaune pour les sous-officiers et blanche pour les officiers. Nous retrouvons ces couleurs sur la partie arrière du casque, ce qui permet une identification immédiate du grade même dans des conditions de lumière difficiles. La tenue de feu est portée avec des bottes ou des rangers de cuir. Le casque F1 que nous détaillons pages suivantes et le ceinturon de sécurité auquel sont accrochés les gants à crispin, la lampe de poche et la tricoise réglementaire complètent la tenue.

Bottes ou rangers ?...
Chacune a ses partisans et ses détracteurs qui mettent en avant leurs avantages propres. Aux bottes, une mise rapide et sans réglage, aux rangers, un meilleur maintien du pied. Dans les feux de forêt, les rangers sont très fortement recommandés : gare au brandon enflammé qui tombe dans l'ouverture restée béante de la botte ! C'est d'ailleurs pour cette raison que les pantalons glissés dans les bottes doivent largement en recouvrir le haut.

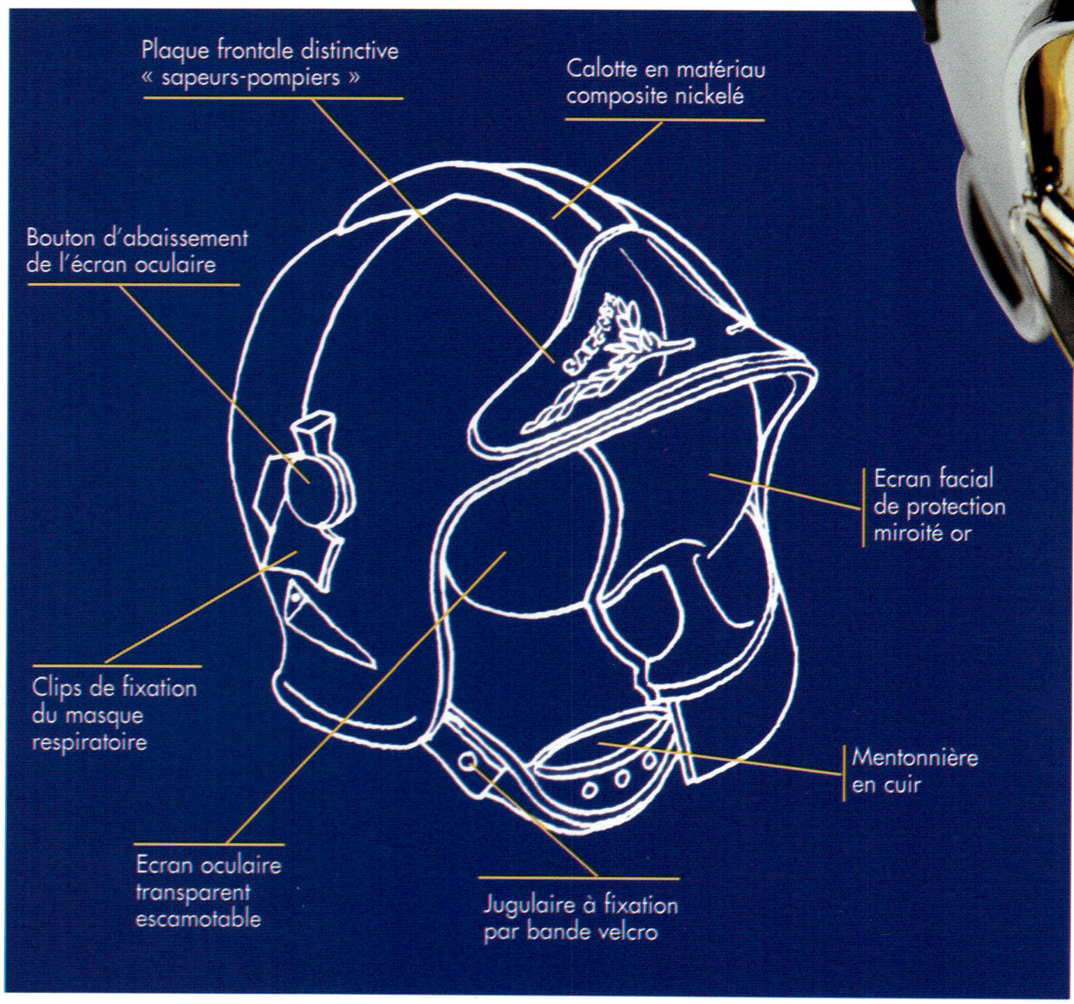

Ce qui frappe immédiatement dans le casque F1, c'est la présence de l'écran facial de protection miroité or. Protégé au repos dans l'épaisseur même du casque, il peut être déployé par un simple geste de la main ou du bras. La fine pellicule d'or qui recouvre l'écran en matière plastique transparent favorise la réfraction de la chaleur, assurant au visage une protection optimum contre le rayonnement. L'écran facial protège aussi des risques de projection d'objets ou de matières lors d'une explosion.

Casque F1

LA PROTECTION DE TETE

Le casque F1 qui équipe aujourd'hui la quasi-totalité des sapeurs-pompiers français est né en 1982. Adopté par la BSPP, la Brigade des sapeurs-pompiers de Paris, en 1985, il est en passe de devenir le casque des sapeurs-pompiers du monde entier puisque adopté par plus de cent pays comme « équipement de tête » réglementaire.
Il a remplacé l'antique casque modèle 1950 qui dans certains corps reste la coiffure de tradition. Les caractéristiques du cahier des charges qui ont imposé sa conception étaient pourtant difficiles à réunir. Le nouveau casque doit en effet assurer une protection efficace de la nuque tout en conservant une excellente stabilité dans tous les mouvements, garantir l'ensemble du visage contre les projections horizontales et le flash thermique, être réalisé en matériau non conducteur de l'électricité, présenter une protection thermique efficace et intégrer le port des systèmes respiratoires, d'éclairage et de communication.

Un défi relevé par la société Gallet qui a conçu le F1. Calotte en matériau composite Bayblend moulé sous pression et recouvert de nickel par galvanoplastie, écran de protection facial miroité or et écran oculaire transparent escamotables dans la calotte, coiffe amovible en résille avec bandeaux et coussins de nuque réglables, jugulaire velcro et mentonnière de cuir, font du F1 un équipement de tête remarquable à plus d'un titre. Il existe une version plus légère destinée aux feux de forêt et aux interventions légères appelée F2.

Ça a chauffé...

Les effets d'un « flash » sur un casque d'officier. Bien que très résistant à la chaleur et aux flammes, le casque F1 a ici, supporté un rayonnement intense. Le polycarbonate de la coiffe a fondu, boursouflant la couche de chrome protecteur. La visière or est restée soudée à l'intérieur du casque. L'officier s'en est tiré sans une égratignure.

Après plus de 60 ans de bons et loyaux services...

...le casque ancien modèle n'est quasiment plus du tout porté en opération. Certains corps l'ont cependant conservé comme coiffure de cérémonie.

Le VAR, le Véhicule d'assistance respiratoire

Ce véhicule, un fourgon ou un tracteur portant une berce pour les modèles les plus lourds, transporte dans ses flancs de quoi alimenter en air plusieurs dizaines d'ARI. Une réserve importante de bouteilles pleines à disposition des personnels est complétée par l'utilisation d'un ou plusieurs compresseurs d'air à haut débit qui assurent la recharge des bouteilles au fur et à mesure de leur utilisation.

L'ARI est utilisé immédiatement dans les reconnaissances. A remarquer que la bouteille d'air comprimé est portée la tête en bas pour assurer une meilleure protection du robinet. S'il est évident que l'ARI est porté dès que des fumées ou des émanations gazeuses sont prévisibles, son utilisation est particulièrement appréciée dans les cas où les odeurs sont insoutenables comme par exemple la relève de cadavres en décomposition.

Dans le FPT, les ARI sont arrimés aux dossiers des sièges pour que les sapeurs-pompiers puissent s'équiper durant le trajet.

Rapace...

Afin de mémoriser le contrôle des organes de sécurité de son ARI en l'endossant, le sapeur-pompier fait « rapace »...

R pour Robinet ouvert complètement et refermé d'un quart de tour
A pour Ajustement du harnais
P pour Pression manomètre
A pour Armement sifflet
C pour Code de communication
E pour Etanchéité du masque

ARI

L'APPAREIL RESPIRATOIRE ISOLANT

La protection idéale…
Tout BAT, Binôme d'ATtaque, doit obligatoirement porter son ARI, Appareil respiratoire isolant. C'est dire l'importance que ce matériel peut avoir dans la protection individuelle des personnels en contact avec le feu ou des substances toxiques. Il se compose d'un masque à vision panoramique et d'un appareil respiratoire à circuit ouvert alimenté par une bouteille d'air comprimé à plus de 180 bars et portée sur le dos grâce à un dossard et un harnais. L'appareil permet au sapeur-pompier d'évoluer dans une atmosphère dangereuse pendant quarante minutes.

Le port de l'ARI n'empêche pas le rapport de reconnaissance…

Le masque peut être porté directement assujetti sur la tête par un système de courroies réglables appelé araignée ou filet. Le masque peut bien sûr être porté avec le casque SPF1. Il est alors encliqueté directement sur les ouïes du casque grâce à une griffe. Ce système permet de mettre ou d'enlever le masque sans avoir à retirer son casque. Les masques peuvent être équipés de dispositif de liaison radio. Le régulateur d'air est placé juste en dessous du vaste écran panoramique qui assure au sapeur-pompier la vision la plus large possible.

La bouteille de couleurs distinctives blanche et noire, est portée la tête en bas montée sur un dossard anatomique. Le tout est assujetti au moyen d'un harnais et de bretelles réglables. Sur la bretelle droite sont arrimés les flexibles d'alimentation à haute pression du manomètre et à moyenne pression de la SAD, la Soupape à la demande. C'est cette soupape qui alimente le régulateur du masque en agissant à la demande du porteur. Un signal sonore — un sifflet puissant — avertit le porteur d'ARI quand la pression d'utilisation, de 180 bars en utilisation normale, passe en dessous des 55 bars et déclenche la réserve. Le sapeur-pompier doit alors impérativement quitter les lieux pour procéder au changement de la bouteille.
Sur le harnais est fixée une petite corne à poire qui permet au porteur de communiquer avec son servant. Dans le cas d'une reconnaissance à l'intérieur d'un local, effectuée par le porteur de l'ARI, le servant, resté à l'extérieur, doit écrire sur la porte ou le mur des indications vitales. Le nom du porteur, son heure précise de départ ainsi que la pression restant dans la bouteille.

Pour évacuer une personne prise au piège d'un local enfumé, une cagoule spéciale peut être directement alimentée par l'ARI.

Le code de manœuvre
Il est effectué au moyen de la petite corne à poire fixée sur le harnais de l'ARI.
- 1 coup : « *j'ai trouvé le foyer ou la victime* » ou « *je demande de l'alimentation de la lance* »
- 2 coups : « *je reviens* »
- Plusieurs coups : « *j'ai un problème* »

Le présent et incontestablement l'avenir : les lances à débit variable
Elles existent en plusieurs tailles et plusieurs diamètres : 22, 45 et 70 mm permettant de couvrir un éventail très large de débit et de puissance. A titre d'exemple, en haut, une lance Leader de 70 avec en dessous sa petite sœur de 45. Un type très pratique puisque sous un encombrement réduit, cette lance peut servir - si elle est couplée à une pompe régulée - aussi bien de petite lance que de grande lance.

Les lances à grande puissance Monitor sont montées sur des trépieds à griffes et manœuvrées par des volants.

Lance à débit variable
La poignée en fer à cheval au-dessus du corps de la lance ferme et règle le débit. Tirée en arrière, elle coupe l'arrivée d'eau, poussée vers l'avant, elle permet au servant d'obtenir un débit variable entre 190 et 1 350 litres par minute à 6,8 bars de pression. La focale, c'est-à-dire la largeur du jet est réglée par la rotation de la buse annelée placée à l'extrémité de la lance.

Les dévidoirs

Les dévidoirs sont le moyen le plus pratique d'acheminer et d'établir une ligne. Il est à noter que certains corps de sapeurs-pompiers étrangers, comme par exemple ceux des USA, n'utilisent pas le principe des dévidoirs à bobines préférant le principe du rangement des tuyaux pliés en écheveau dans les véhicules.

Le dévidoir tournant équipe tous les véhicules porteurs d'eau et porte, enroulé sur son tambour, 82 m de tuyau semi-rigide prolongé d'une LDT, Lance de dévidoir tournant.

Le dévidoir tournant ne doit pas être confondu avec le dévidoir à bobines qui se trouve le plus souvent à l'arrière des engins. Descendu sur le sol et traîné à bras par deux hommes, il permet de transporter et dérouler cinq longueurs de 40 m raccordés, soit 200 m de tuyaux en 70 mm que porte son tambour. Arrimés sur les FPT, Fourgon-pompe-tonne, les FPTL, plus légers, les FPTSR, Fourgon-pompe-tonne de secours routier, et sur certains engins de grande puissance comme le FMOGP, Fourgon-mousse de grande puissance, ils permettent l'exécution rapide des établissements que ce soit d'attaque ou d'alimentation.

GL, PL et LDV

LE MATERIEL D'EXTINCTION

Les lances

Il existe quatre types de lances traditionnelles. La LDT, Lance de dévidoir tournant 20/7 qui montée à demeure sur le véhicule, est prête à être utilisée immédiatement pour la reconnaissance et les feux naissants ou limités. Son débit de 3,5 m^3/h à une pression de 7 bars l'a fait surnommer « pissette » par les sapeurs-pompiers. La PL, Petite lance de 40/14 qui débite 15 m^3/h pour une pression nominale de 3,5 bars et la GL, appelée grosse lance de 65/18 dont le débit est de 30 m^3/h pour 5,7 bars de pression. Deux poignées ne sont pas de trop pour maintenir la LGP, Lance de grande puissance, qui « crache » 60 m^3 à l'heure !

Depuis plusieurs années, ce type de matériel cède le pas à la nouvelle génération des lances : les LDV, Lances à débit variable.

Existants pour les tuyaux de diamètres 22, 45 et 70 mm, les différents types de LDV permettent d'obtenir tout un éventail de débits et de jets précis ainsi que le réglage automatique du débit par l'utilisation de la poignée fer à cheval placée au-dessus de la lance. En tournant la couronne située en bout on peut obtenir différents types de jets. Le jet plein, encore appelé « jet bâton », surtout utilisé pour l'attaque directe et en force du foyer, le jet pulvérisé, dit « jet en pluie », employé sur les feux de faible intensité, ou encore le jet diffusé, destiné à refroidir rapidement une grande surface ou pour servir d'écran de protection lors d'une progression.

D'une utilisation bien spécifique, les sapeurs-pompiers disposent pour les feux d'hydrocarbures de lances à mousse. La mousse isole en effet en douceur les flammes de l'air, ce qui en privant le feu d'oxygène, le ralentit puis l'étouffe. Le mélange du produit émulseur à l'eau est effectué en amont de la lance par un injecteur à débit réglable. Différents types de lances permettent à ce moment d'adapter la mousse au type de matériau en flammes. Dans la lance, l'injection calibrée de l'air dans le mélange produit des mousses à bas, ou moyen ou haut foisonnement aux propriétés techniques bien spécifiques.

La ligne de 110 est montée sur la borne d'incendie, prête à alimenter...

Les tuyaux

Il existe trois catégories de tuyaux qui résument assez bien l'action opérationnelle.

Les tuyaux d'alimentation qui servent à alimenter en eau la pompe d'un engin à partir d'un hydrant, soit une BI, Borne d'incendie, soit un PI, Poteau d'incendie. Leur diamètre est de 110 mm et ils existent en longueurs de 5, 10 ou 20 m.

Les tuyaux d'aspiration qui ont pour fonction d'amener l'eau d'un point d'eau naturel ou artificiel à la pompe d'un engin. Semi-rigides en toile caoutchoutée renforcée de spires métalliques pour éviter l'aplatissement, ils existent en 40, 65 et 100 mm de diamètre. Les tuyaux de refoulement qui servent à alimenter les lances du point d'attaque à partir de la pompe. Toujours déroulés dos au feu, ils existent en plusieurs diamètres : 22, 25 45, 70 et 110 mm, chaque format alimentant des types de lances spécifiques.

Pliez, démontez, roulez...
Phrase rituelle prononcée à la fin des opérations d'extinction. Les tuyaux non montés sur dévidoirs doivent alors soigneusement être roulés en couronne.

La sécurité collective

Face aux risques importants liés aux feux de forêt, il a été mis en place des procédures précises à chaque étape de la lutte contre l'incendie.
Les hommes évoluent en binôme reliés par radio au chef de groupe et en vue directe et permanente de celui-ci. Un guetteur — généralement le conducteur-radio de la VLTT — suit la progression du feu par rapport aux hommes engagés. Chaque engin établit une lance pour sa propre protection, dont tous les déplacements se font fenêtres fermées et les zones d'attaque sont minutieusement choisies en fonction du vent et du profil du terrain afin d'éviter d'être rattrapé ou même encerclé par les flammes. Si la situation devient difficile, il faut prévoir l'autodéfense du groupe ou dans les cas extrêmes la fuite devant les flammes. Dans ces pires moments la protection individuelle et collective est un atout décisif.

Le « mulet » des feux de forêt

Le CCF, Camion-citerne feux de forêt est un véhicule de type tous chemins utilisé pour l'attaque des feux soit en zone forestière, maquis et landes, soit en zones rurales en intervention sur les récoltes, les broussailles... Il existe trois types de CCF. Le CCF Léger, anciennement CCF 2000, qui emporte de 500 à 2 000 litres d'eau servi par deux hommes au minimum et une pompe débitant 500 litres à la minute sous 6 bars de pression, le CCF Moyen, anciennement CCF 4000, dont la capacité d'emport peut atteindre 5 000 litres et disposant soit d'une pompe embarquée de 750 litres /min à 10 bars, soit une pompe 1000 litres / min à 15 bars de pression entraînée par le moteur du CCF. Les capacités de franchissement et d'établissement de ces deux CCF les rendent particulièrement aptes à l'action directe au contact du feu à l'arrêt ou en déplacement à allure réduite. Grand frère des CCF L et CCF M, le CCF Super, anciennement CCF 6000, qui avec sa capacité supérieure à 5 000 litres et sa pompe de 2000 litres / min sous 15 bars est plus particulièrement destiné à l'appui et au soutien. Ils peuvent aussi ravitailler en eau des petits détachements opérant avec des moyens légers.

CCGC et CCF

LES FEUX DE FORET

Les feux de forêt sont des sinistres qui imposent aux sapeurs-pompiers une conduite technique irréprochable et une grande prudence, l'évolution du « chantier » étant directement sous l'influence des conditions météorologiques et des profils de terrains concernés. Force est de constater que les risques courus par les personnels dans ce type d'opérations sont très supérieurs aux autres conditions d'incendie de bâtiments ou même de sites industriels. Outre les accidents directement hérités de l'incendie lui-même : brûlures, accidents respiratoires dus aux fumées, stress, hyperthermie, le sapeur-pompier doit aussi considérer les risques créés par ses propres matériels : accident du CCF, utilisation de matériel de forestage dans des conditions difficiles, mais aussi les effets du souffle des rotors d'hélicoptère et les conséquences des largages par les bombardiers d'eau... Face aux flammes gigantesques, le sapeur-pompier n'a pour seule protection que sa technicité et sa confiance dans les équipes qui l'entourent.

L'unité de base : le groupe

Les opérations d'attaque sont confiées aux sapeurs-pompiers dont l'unité de base est alors le groupe. Chaque groupe, placé sous les ordres d'un chef de groupe, se compose de cinq engins : un VLTT, Véhicule léger tous terrains pour le commandement, trois CCF moyens pour l'attaque et un CCF super ou une CCGC, Camion-citerne grande capacité, pour l'appui et l'alimentation. Un rassemblement de plusieurs groupes est placé sous l'autorité d'un chef de secteur ou pour les cas les plus difficiles mettent en œuvre des moyens importants, un chef de site.

La tenue d'intervention « feux de forêt »

Le sapeur-pompier portera un treillis dont les règlements précisent qu'il le sera « manches baissées et col relevé ». Dans les cas de feu violent, le veston de peau est obligatoire tout comme le port du casque SPF2 de préférence au casque SPF1. Celui-ci plus léger et plus ouvert est en effet plus adapté aux conditions des feux de forêt. Le casque qui dispose de lunettes étanches est porté avec la cagoule. Les rangers seront préférées aux bottes, un brandon incandescent étant vite arrivé dans l'ouverture d'une botte... Tous les personnels porteront les gants en peau de dotation.

Pentes abruptes, végétation sauvage, broussailles impénétrables, la progression des binômes d'attaque est souvent très délicate.

Casque F2

Ce casque est porté principalement dans les feux de forêt et dans toutes les opérations où les risques physiques sont moindres comme le sauvetage-déblaiement. Certaines unités spécialisées l'utilisent de préférence à la casquette comme les hommes du GRIMP, le Groupe de recherche et d'intervention en milieu périlleux et les équipes cynophiles. Dans les incendies de forêt, le casque F2 est obligatoirement porté avec la cagoule.

L'établissement d'une ligne d'arrêt est une manœuvre dangereuse qui peut mettre en œuvre jusqu'à plusieurs dizaines de véhicules. A remarquer ici la position dos à dos des véhicules des deux groupes qui sont prêts à se mettre en sécurité le plus rapidement possible.

A chaque feu, sa fumée, à chaque fumée, sa couleur...
L'émanation d'une fumée grise et diffuse à l'activité peu importante indique souvent un départ de feu. Une fumée noire et moutonnante résulte d'un foyer à fort potentiel de développement avec un danger très fort de propagation par sauts. Avec la fumée de couleurs noire et rousse, nous touchons à un foyer à combustion intense avec des flammes pouvant atteindre des proportions gigantesques.

La moto-pompe feux de forêts sur claie de portage
Cette petite pompe d'apport, entraînée par un moteur thermique et portée à dos d'homme peut alimenter une petite lance de 22. Elle est généralement utilisée à la défense des points sensibles, comme par exemple dans le cas d'un feu de forêts, une maison isolée, en aspirant l'eau dans la piscine. Elle peut aussi servir de pompe de relais pour relever la pression dans des alimentations particulièrement longues.

LES TECHNIQUES OPERATIONNELLES

Les manœuvres d'attaque

La manœuvre prioritaire est confiée au chef d'agrès qui attaque les flammes au moyen de la lance de 40/14 sur dévidoir tournant qui équipe le CCF. Grâce aux claies de portage qui contiennent des éléments d'établissement différents, la ligne peut être divisée en deux lignes de 20/7. La lance de 40/14 est utilisée pour abattre les flammes alors que la 20/7 est plus spécialement utilisée pour l'extinction et le noyage des lisières, assurant les arrières de la 40/14 en attaque. Dans les attaques importantes, le CCF super ou la CCGC peuvent mettre en action leur canon, à condition de bénéficier d'une alimentation à proximité immédiate. La grosse lance 65/18 est utilisée en attaque ou en protection d'un point sensible bénéficiant d'un point d'eau ou d'une réserve. Dans le cas d'un groupe, plusieurs manœuvres offensives peuvent être mises en place soit l'attaque simultanée des quatre CCF, soit l'action de deux CCF alimentés en eau par les deux autres. Il peut être aussi décidé d'établir une ligne sur une longueur pouvant atteindre plusieurs centaines de mètres.

Familièrement appelée « piscine », cette bâche de plastique renforcé, peut contenir jusqu'à 5 000 litres d'eau. Elle est déployée à proximité de l'incendie et remplie directement par le CCGC, Camion-citerne de grande capacité pour alimenter les véhicules d'attaque.. Pendant que celui-ci retourne faire le plein, les FTP et autres CCF peuvent venir s'alimenter au moyen de la pompe flottante visible sur la photo. Chaque CCGC emporte deux « piscines » pour pouvoir utiliser intégralement les 10 000 litres de sa tonne.

L'extinction

Pour éteindre les flammes, le sapeur-pompier doit d'abord priver le foyer de son combustible en séparant les bois brûlés des bois intacts, c'est le forestage. Ensuite, il le prive d'oxygène avec de la terre ou en utilisant des produits mouillants ou retardants, comme ceux largués par les bombardiers d'eau. Les personnels au sol utilisent des battes à feu, anciennes mais toujours efficaces. En noyant les parties brûlées sous des trombes d'eau, on abaisse la température et on évite la reprise du feu.

Les manœuvres défensives

Dans ce cas de figure, le groupe ne va pas chercher le feu mais se met en position pour l'attendre, s'en protéger ou défendre le lieu où il se trouve.
Pour le groupe, il existe trois types de manœuvres défensives : la défense des points sensibles tels que les habitations, les campings, une maison de retraite, un site industriel…, la ligne d'arrêt, manœuvre délicate qui exige de gros moyens et qui s'exécute sur le secteur avant du feu (rocade avant) et l'autodéfense du groupe.

Le CCF, l'engin idéal de lutte contre les feux de forêt.

La défense des points sensibles

Sous le vocable de point sensible on trouve aussi bien un château classé qu'une maison de retraite, un camping qu'une ferme isolée, des pylônes EDF… Les véhicules du groupe s'abritent des flammes et préparent la défense du site en établissant des lignes, en débroussaillant et en mouillant les abords.
Il ne reste plus qu'à attendre l'offensive du feu.

La ligne d'arrêt

C'est une technique à risques qui n'est employée que dans les cas graves de propagation de l'incendie. Prévu plusieurs heures à l'avance, l'établissement d'une ligne de feu est mûrement réfléchi tant les risques courus sont importants. Ce type d'opération peut mettre en scène plusieurs groupes travaillant en coordination. Les cinq engins du groupe se placent en ligne sur le côté de la piste d'où vient le feu. Les CCF établissent chacun une lance de 40/14 pour attaquer le front de l'incendie et la petite LDT, Lance du dévidoir tournant, pour traiter les sautes de feu.
Auparavant, des opérations de forestage ont permis de dégager la zone qui peut avoir été aussi mouillée préventivement. Dans le cas où la violence des flammes impose le repli général, les tuyaux sont abandonnés sur place, seules les lances sont emportées à bord des engins qui évacuent la zone le plus rapidement possible.

L'autodéfense du groupe

Cette dernière manœuvre s'exécute lorsque le groupe est menacé par le feu soit parce que les accès sont coupés et le repli impossible, soit parce qu'un ou plusieurs véhicules sont immobilisés. La manœuvre consiste donc à rassembler au plus serré l'ensemble des véhicules présents et à mettre en batterie des lances en « queue de paon » et lance-canon, focale ouverte au maximum pour établir un rideau d'eau continu sur les trois côtés face au feu et le dessus du rassemblement. Placés au centre ou dans les véhicules, il ne reste plus aux sapeurs-pompiers qu'à attendre que le feu passe…

Pour se protéger du rayonnement des foyers, les CCF disposent de rampes d'arrosage qui protègent les pneus et l'ensemble du véhicule.

Une tonne de 10 000 litres de contenance, une pompe à grande puissance, une lance canon au débit impressionnant, tel est l'armement de ce véhicule chargé d'alimenter les engins d'attaque, CCF ou FPT en eau.

Le CCGC, Camion-citerne de grande capacité

Il est le complément tactique des CCF. Par ses grandes capacités d'emport d'eau, il leur apporte un soutien précieux soit en les alimentant directement, soit par le biais de bâches gonflables qu'ils remplissent par des norias successives au fur et à mesure de leur utilisation. Certains CCGC spécialement équipés peuvent aussi participer directement aux manœuvres d'attaque par l'utilisation de lances-canons.

FICHE
TECHNIQUE

CAMION-CITERNE
FEUX DE FORET

CCF

FICHE TECHNIQUE

Type : CCF 2000
Citerne de 2000 litres
servie par une pompe
débitant 500 l/min
sous 6 bars de pression
Armement du véhicule
3 LDV
1 lance de 22
1 hydro-éjecteur
4 divisions de différentes sections dont 1 mixte
1 colllecteur 100 x 2 x 65
1 tuyau 110/10 mètres
1 tuyau 70/10 mètres
4 tuyaux 70/20 mètres
6 tuyaux 45/20 mètres
6 tuyaux 20/20 mètres
1 tuyau 45/5 mètres
2 claies de portage de 45
1 claie de portage de 25

L'armement comprend un ensemble de pièces hydrauliques : étrangleur, coude d'alimentation, obturateur, retenue... ainsi que tout un lot d'outillage classique, des extincteurs, du matériel de déforestation, des battes à feu...

La tenue de pénétration de feux d'hydrocarbures
Entièrement réalisée en matériau ignifugé, sa surface argentée réfléchit la lumière et la chaleur de l'incendie. La tenue se compose d'une combinaison intégrale avec bottillons incorporés, d'une cagoule et de moufles. Un homme ainsi équipé peut travailler quelques minutes dans des brasiers dépassant les 1 200 °C.

La pompe grande puissance du FMOGP.

FMO et FMOGP

LES FEUX D'HYDROCARBURES

L'utilisation de la mousse

Face à certains types de feux, l'utilisation de l'eau peut être néfaste, voire dangereuse, comme par exemple dans le cas de feux d'hydrocarbures. Les hydrocarbures liquides comme l'essence ou le gazole ont une densité variant de 0,7 à 0,9. Ils flottent donc sur l'eau. On utilise alors de la mousse dont les propriétés physiques particulières permettent de créer une véritable couverture isolante qui étouffe le feu tout en refroidissant l'ensemble. La mousse empêche le contact de l'appel d'air avec le liquide en feu, tout en isolant les flammes du combustible. Son action a aussi pour effet de freiner, voire d'arrêter la production de vapeurs hautement inflammables. L'important est donc de créer une couverture isolante compacte et d'un seul morceau, la moindre déchirure provoquant immédiatement une reprise des flammes.

Haut, moyen et bas foisonnement...

La mousse est produite par l'agitation énergique d'un produit émulseur, avec de l'air et de l'eau sous pression. L'ensemble produit des bulles de plus ou moins grandes dimensions selon la concentration du mélange émulseur-air-eau. Les mousses sont dites alors à bas, moyen ou haut foisonnement. Les mousses à bas foisonnement, c'est-à-dire très épaisses avec une consistance proche de la crème à raser ou de la crème Chantilly, sont utilisées dans la majorité des grands feux et tout particulièrement les liquides hautement inflammables, comme les hydrocarbures. Les mousses à haut foisonnement si elles ont l'avantage de pouvoir être produites en grande quantité compte tenu de leur peu de concentration en produit émulseur, sont fragiles, légères et sont rapidement inactivées par le feu. On travaille donc plus souvent avec des taux de foisonnement de 10 (10 litres de mousse obtenus pour 1 litre de solution) que de 300 (qui produisent 300 litres de mousse, toujours pour 1 litre de solution !). Les mousses à haut foisonnement sont particulièrement efficaces sur les feux de caoutchouc, de matières plastiques, de papier, de bois, de paille... Elles sont souvent utilisées dans les locaux, causant moins de dégâts que les lances à eau classiques. Pour produire de la mousse, on utilise un système d'injection monté directement sur le tuyau d'alimentation. Le produit émulseur contenu dans un bidon est mélangé à l'eau sous pression par dépression avant de se charger d'air au niveau de la lance à mousse.

Taux de foisonnement
bas : de 3 à 25
moyen : de 25 à 300
haut : de 300 à 1000

Pour les attaques de feux de grande importance, le mélange est effectué dans des véhicules spéciaux tels les FMO, Fourgon-mousse ou FMOGP, fourgon-mousse grande puissance.

Le problème…

…la solution.

Le Fourgon-mousse grande puissance

Ce véhicule de 19 tonnes en charge emporte une équipe variant de six à huit sapeurs-pompiers. Il emporte une citerne de 5 000 litres d'eau et une autre d'une capacité de 1 500 litres pour l'émulseur, servie par une pompe débitant 450 litres par minute sous 18 bars de pression. La pompe de la citerne à eau débite, elle, 4 000 litres à la minute (240 m³/h) sous 15 bars de pression.
Pour l'extinction, le FMOGP dispose de huit LDV (Lances à débit variable) dont deux de type 3000 sur trépied. Un canon de 2 000 l/min est positionné sur le toit du véhicule qui emporte un lot important de tuyaux de 45, 70 et 110, des tenues d'approche, des ARI, des pièces de jonction…

Le FMOGP, un monstre de 19 tonnes qui peut « cracher » 4 000 litres de mousse à la minute…

La Cellule mousse

Appelée aussi CeM, la Cellule mousse est une berce composée de deux citernes contenant chacune 3 000 litres d'émulseur protéinique servies par une pompe autonome régulée débitant 360 litres à la minute. Celle-ci, placée entre le dernier engin pompe et les lances, permet d'injecter directement dans l'établissement le produit émulseur à des concentrations variant de 1 % à 6 %. Dans des conditions de sollicitation extrême, la CeM peut fournir aux lances jusqu'à 6 000 litres de solution à 6 % ou 9 000 litres à 3 %.

Le Fourgon tri-extincteur moyen

Servi par trois hommes, le FTEM, Fourgon tri-extincteur moyen, combine les trois types de produits extincteurs utilisés : l'eau, la poudre et la mousse et est tout particulièrement destiné aux feux d'hydrocarbures en milieu urbain et professionnel. L'eau contenue dans une citerne de 3 000 litres alimente une pompe d'un débit de 180 m³/h. L'agent mousse est produit par l'adjonction aux 3 000 litres de la citerne d'eau de 1 000 litres d'émulseur. La poudre est contenue dans deux réservoirs totalisant 1 500 kilos de produit d'extinction. Eau, mousse et poudre sont projetées soit à l'aide de la lance-canon polyvalente manœuvrable de l'intérieur du véhicule, soit au moyen de lances manuelles.

…la cellule mousse, elle, peut débiter jusqu'à 6 000 litres à la minute.

Pour éviter la propagation et le déplacement de la nappe enflammée, la mousse est la seule solution.

FICHE
TECHNIQUE

FMOGP

FOURGON MOUSSE GRANDE PUISSANCE

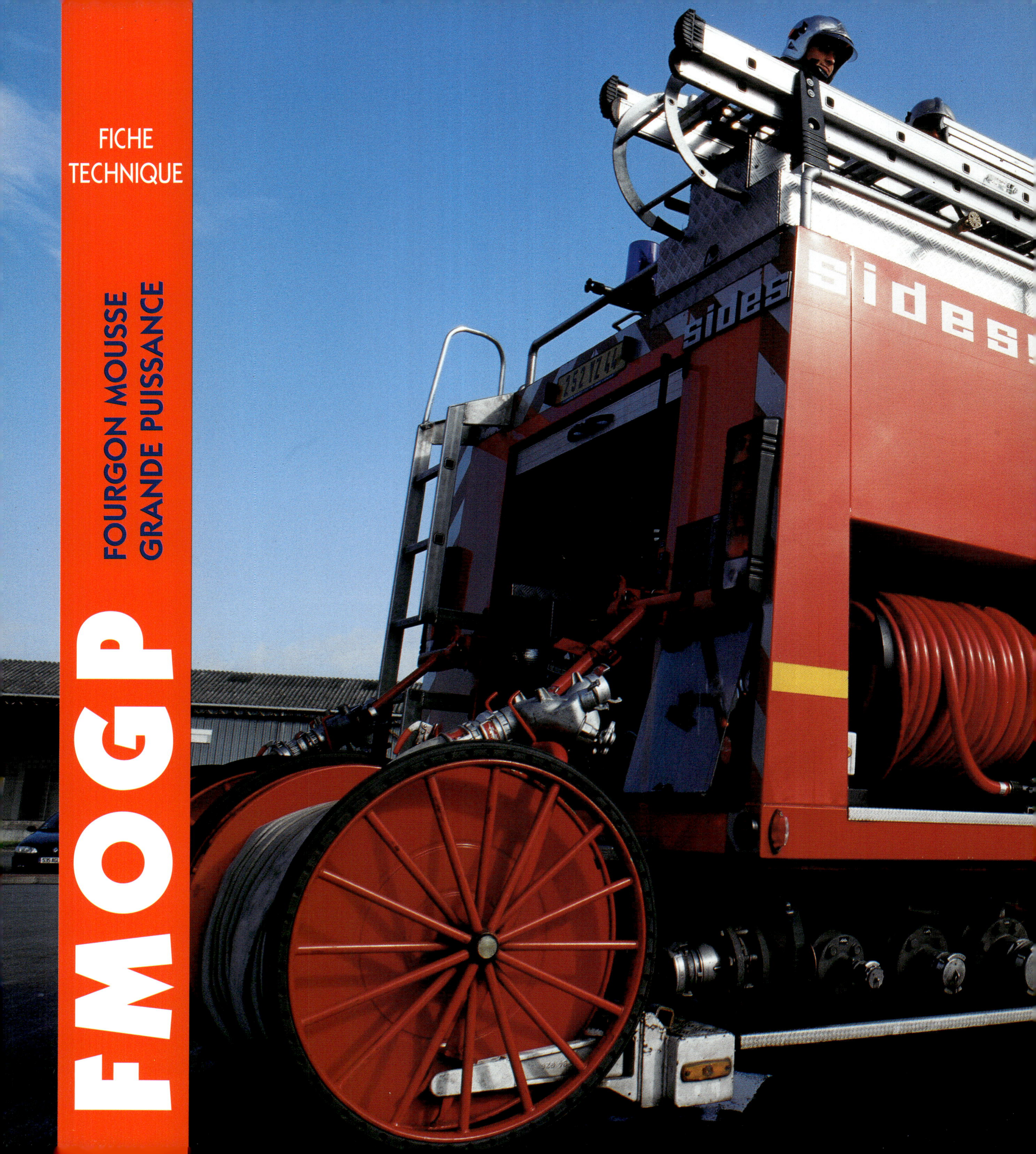

FICHE TECHNIQUE

Longueur :	9,7 m
Largeur :	2,5 m
Hauteur :	3,6 m
Poids :	19 t
Equipage :	8 hommes
Citerne eau :	5000 litres

Citerne émulseur : 1500 litres

Pompes eau 4000 l/min sous 15 bars émulseur 450 l/min sous 18 bars

Matériel d'extinction :

4 LDV 500

2 LDV 1000

2 LDV 3000 sur trépied

1 canon de 2000 l/min

6 tuyaux de 110 x 40 m

10 tuyaux de 70 x 20 m

10 tuyaux de 45 x 20

6 aspiraux 110 x 5 m

2 tenues d'approche

ARI, lot de sauvetage, pièces de jonction, échelles, petit matériel, outils divers...

FMOGP

Le DA, Dévidoir automobile
Les portes arrière du dévidoir automobile nous permettent d'apercevoir les quelque 1 000 mètres de tuyaux d'alimentation de 110 repliés en écheveau. Il suffit de faire avancer le véhicule en laissant le tuyau se « déplier » sur la route pour assurer une liaison même éloignée entre un point d'eau et le point d'attaque de l'incendie. Il est à noter que cette pratique de pliage en écheveau est empruntée aux sapeurs-pompiers américains qui ne connaissent pas le roulage en couronne ou sur dévidoir.

La CERT est un appareil destiné au roulage automatique des tuyaux après l'intervention. Surtout apprécié quand le DA, le Dévidoir automobile, a tiré des lignes de plusieurs kilomètres...

Cellule-pompe grande puissance.

DAL et MPGP

LES GRANDS MOYENS

Le Dévidoir automobile

Le dévidoir automobile, appelé DA, transporte jusqu'à 1 km de tuyaux de gros diamètre, raccordés entre eux et pliés en écheveau à l'intérieur de la caisse du véhicule. Les portes arrière ouvertes, il suffit de laisser se déployer la ligne que l'on dépose sur le sol au fur et à mesure de la marche en avant du véhicule. En quelques minutes, on peut ainsi établir une ligne de grande capacité — et de grande longueur — entre un point d'eau éloigné et le point d'attaque. Quand la manœuvre s'effectue, les sapeurs-pompiers disent alors que « ça déboyaute ! ». A noter qu'il existe des versions tous terrains, les DATT, Dévidoirs automobiles tous terrains, montés sur des véhicules à plusieurs roues motrices et affectés à l'établissement des lignes de grande longueur dans les attaques de feux de forêt.

La CeD, Cellule Dévidoir

Appelé aussi DAL, Dévidoir automobile lourd, cette berce-cellule dévidoir emporte 2 000 m de tuyaux de 110, pliés en écheveau, trois divisions de 110/3X70 et deux vannes de 110. La CeD n'est pas en reste pour l'attaque puisqu'elle emporte dans ses coffres trois LGP, Lances grande puissance de 100/25, deux lances monitor portables sur trépied de 900 et 1 800 l/min de débit et deux injecteurs de 110. Dans sa configuration de départ, la CeD prend en remorque une MPR, Moto-pompe remorquable de type 2 000/12, c'est-à-dire débitant 2 000 litres à la minute sous 12 bars de pression.

Un duo de choc, la Cellule-pompe grande puissance et la Cellule-dévidoir grande puissance

La CePGP est une berce emportée par un VPCe, Véhicule porte-cellule, qui peut mettre en service deux pompes hydrauliques entraînées par un moteur Diesel 6 cylindres de 450 ch. Ces pompes hydrauliques sont reliées à deux pompes flottantes HFS par des flexibles hydrauliques qui alimentent le collecteur de la CePGP par des tuyaux de 152. La pompe peut alors débiter de 2 400 litres à la minute sous 14 bars à 4 200 l/min sous 8 bars ! La CeDGP, pour Cellule dévidoir grande puissance, est le complément idéal de la CePGP Elle emporte dans sa berce 2 000 m de tuyaux de 152 mm de section, quatre divisions de 152/3X110 et deux vannes de 152 qui autorisent un grand nombre d'établissements dont on imagine la puissance d'alimentation. Pour l'attaque, la CeDGP dispose de deux lances grande puissance Turbo Pors de 3 000 l/min de débit montées sur trépied. Deux injecteurs de 110 complètent l'armement.

La cellule pompe grande puissance sur son porteur. Une puissance d'alimentation hors du commun pour les incendies de grande ampleur.

CHAPITRE 4

LE SECOURS ROUTIER

Qu'il s'agisse d'une chute de moto, d'une collision entre véhicules ou d'un carambolage en chaîne sur l'autoroute, le secours routier est devenu une des grandes missions des sapeurs-pompiers. La mission de sauvetage se double alors d'opérations techniques très complexes qui font appel à un matériel sophistiqué.

Véhicules disloqués ou en flammes, tôles broyées et enchevêtrées, victimes incarcérées, tel est le spectacle quotidien que découvrent les sapeurs-pompiers des équipes appelées sur un AVP.

Les sapeurs-pompiers travaillent en concertation étroite avec des unités médicales spécialisées comme le SAMU, le Service d'aide médicale d'urgence.

AVP

LES ACCIDENTS SUR LA VOIE PUBLIQUE

La procédure d'intervention

Un départ type « secours routier » se compose d'un VSR, d'un VSAB et d'un VRM, Véhicule radio médicalisé, qui transporte un médecin sapeur-pompier. Lors des opérations de secours routier, si les sapeurs-pompiers ont pour principale mission de porter secours immédiat aux victimes, ils ne doivent pas oublier une opération qui se déroule en parallèle avec la première et qui est d'éviter le suraccident, c'est-à-dire un accident supplémentaire provoqué par le premier.

Le balisage et la reconnaissance

En arrivant sur les lieux, une équipe est spécialement chargée d'établir le plus rapidement possible une zone de sécurité par un balisage complet du site afin de prévenir les autres usagers, puis de créer avec des cônes de Lübeck une zone de travail réservée aux équipes de désincarcération, enfin d'éclairer le tout si les conditions le nécessitent. Tous les personnels travaillant sur le site ont revêtu les gilets fluorescents.
Elle est effectuée par le chef d'agrès ou de groupe. Analyse de l'accident, type de véhicules, nombre et taux de gravité des victimes, état des lieux, de la météo… qui vont lui permettre de donner des priorités. Après la visite et le calage du véhicule, on procède au débranchement de la batterie avant de faire pénétrer un sauveteur à l'intérieur du véhicule. Cette présence est indispensable pour effectuer un bilan rapide et administrer les premiers gestes de survie. Une telle présence a souvent auprès de la victime un apport moral considérable.

Le VSR, le Véhicule de secours routier

Le VSR est le véhicule type de l'intervention en secours routier. Le VSR, servi par trois hommes, contient tous les matériels pour assurer trois missions essentielles. Sa première mission est d'assurer la sécurité contre un nouvel accident par le balisage, en second, le dégagement des personnes accidentées en utilisant au besoin la désincarcération et en troisième plan, garantir une extinction rapide d'un incendie. On y retrouve donc tous les types d'outils emportés par le FSR, Fourgon de secours routier. Pour la désincarcération, le groupe hydraulique alimente, sous 700 bars de pression, deux écarteurs et une cisaille ainsi qu'un coupe-pédale et deux vérins auxquels on peut associer des coussins de levage pneumatiques. Le matériel d'extinction se compose d'une motopompe alimentée par une citerne et d'extincteurs à poudre de 9 kg. Le VSR dispose pour son balisage de quatre projecteurs de 500 watts montés sur un mât télescopique de 4,5 m, de cônes-lampes éclats, de triangles tri-flash. Une citerne de 500 litres et de la poudre absorbante assurent le nettoyage de la chaussée.

Le FSR, le grand frère

Le Fourgon de secours routier, FSR, est un peu le grand frère du VSR, le Véhicule de secours routier. De par son équipement, il permet d'intervenir encore plus efficacement sur des opérations de désincarcération lourdes. Le FSR est servi par six hommes Pour se signaler aux usagers de la route et éclairer les lieux de l'accident, il dispose de nombreux projecteurs de 500 et 1000 watts de puissance, montés sur des mâts télescopiques de plus de 6 m ou portables. Pour les opérations de désincarcération, l'équipe dispose d'un matériel aussi varié que puissant : découpeur au plasma, cisaille, écarteur, coupe-pédale et découpe pare-brise pneumatiques, meuleuse à disque, compresseur et groupe hydraulique pour alimenter les outils, treuil à câble, coussins de levage… extincteurs à poudre et CO_2, lance haute pression en cas d'incendie, barquettes d'évacuation, plans durs et sangles de maintien pour le traitement du blessé et son transport.

Pour toutes les interventions sur la voie publique, les équipiers doivent obligatoirement porter la chasuble réfléchissante.

Première consigne : éviter le suracci-dent par un balisage efficace.

Pour assurer les opérations de désincarcération, les sapeurs-pompiers disposent de trois types de véhicules : le VSR,le FSR respectivement Véhicule et Fourgon de secours routier auxquels s'est récemment ajouté le FPTSR qui comme son nom l'indique cumule les fonctions de fourgon-pompe tonne et de véhicule de secours routier.

Pour éclairer le « chantier » de nuit, chaque véhicule dispose d'un mât déployable supportant des projecteurs de grande puissance.

VSR, FSR et FPTSR

LES VEHICULES DE SECOURS ROUTIER

Prolongement habituel du véhicule de secours routier, au loin, le VSAB.

Tous les véhicules de secours routier emportent un ensemble d'outils de désincarcération fonctionnant sous pression d'huile : cisailles, écarteurs, vérins...

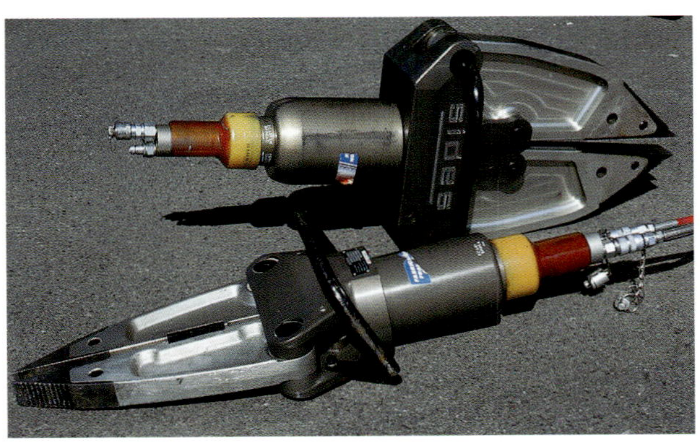

Il faut parfois utiliser les coussins de levage...

Bien caler le véhicule accidenté...

...avant de procéder à la découpe des tôles.

Sapeurs-pompiers et personnels médicaux travaillent souvent dans des conditions difficiles.

Le dépavillonnage facilite l'accès aux victimes.

« Désincar »

LES OPÉRATIONS DE DESINCARCERATION

Les techniques de désincarcération

Sous ce vocable curieux se dissimule une triste mais évidente réalité. Lors d'un accident de la route, les victimes sont souvent prisonnières du véhicule déformé par le choc. Indemnes ou polytraumatisés, il est difficile de les extraire directement de l'amas de tôles qu'est devenu le véhicule. On doit alors procéder à leur désincarcération en découpant les tôles et le châssis de la voiture pour les dégager. C'est le rôle dévolu aux équipes spécialisées qui utilisent des véhicules spécialement affectés à cette tâche : les véhicules et fourgons de secours routier. Une fois dégagées, les victimes, préalablement conditionnées sur place, souvent même dans le véhicule, sont soit acheminées par le Véhicule de secours et d'assistance aux asphyxiés et blessés, le VSAB, soit pris en charge, pour les cas les plus graves, par le Service d'aide médicale d'urgence, le SAMU. Pour désincarcérer, les équipes s'emploient à retirer le pare-brise, couper les montants, dégager le toit afin de faciliter le dégagement des membres et du corps. Pour pallier les risques d'incendie, on utilise des cisailles et des écarteurs pneumatiques et hydrauliques développant avec beaucoup de douceur plusieurs tonnes de pression ou encore des découpeurs au plasma. On peut procéder au levage de certaines parties du véhicule au moyen de crics mécaniques et de coussins de levage pouvant lever dans les cas extrêmes comme, par exemple, pour un accident de poids lourd ou de chemin de fer plus de 65 tonnes à 50 cm du sol !

Durant toutes ces opérations, le blessé est pris en charge par les médecins et les services d'aide médicale d'urgence : assistance respiratoire, transfusion, réduction des fractures, conditionnement pour le transport… Il faut remarquer que les accessoires de sécurité des voitures de conception moderne peuvent présenter de « solides » inconvénients en cas de choc. Difficile de couper une barre de protection latérale en carbone et que dire des airbags frontaux, latéraux, et autres prétentionneurs de ceintures de sécurité qui peuvent se révéler de véritables pièges explosifs pour les sauveteurs.

Pavillon retiré, colonne de direction pliée vers l'avant, montants de portières cisaillés protégés par des manchons : le terrible spectacle de la désincarcération.

FICHE TECHNIQUE

LE FOURGON DE SECOURS ROUTIER

FSR

FICHE TECHNIQUE

Personnel : *6 sapeurs-pompiers*

Matériel embarqué

Matériel de découpe :

- *Meuleuse à disque électrique*
- *Découpe pare-brise pneumatique*
- *Découpeur au plasma*
- *Cisaille hydraulique (puissance 30 tonnes)*
- *Ecarteur hydraulique (puissance 12 tonnes)*
- *Ecarteur hydraulique poids lourd (puissance 40 tonnes)*
- *Coupe-pédale*
- *Compresseur de groupes hydrauliques (pression 11 bars)*

Matériel de levage :

- *6 coussins de levage permettant de lever sous une pression de 8 bars à une hauteur de 15 à 50 cm des masses de 5 à 68 tonnes !*
- *Jeu de coussins basse pression pouvant lever 22 tonnes à 1 mètre.*
- *Cales de bois de différentes tailles*
- *Tirfor (puissance 1,6 tonne)*
- *Treuil électrique (puissance 3,5 tonnes)*

Matériel de protection-extinction :

- *Barillet de 4 extincteurs à poudre polyvalente*
- *Sphère de 50 kg de poudre avec lance*
- *Extincteur CO_2*
- *Lance haute pression*
- *Citerne 600 litres*
- *5 Appareils Respiratoires Isolants*
- *Produit absorbant, balais, pelles...*

Matériel d'évacuation :

- *5 barquettes d'évacuation*
- *5 plans durs*
- *15 sangles de maintien*

Matériel d'éclairage :

- *2 projecteurs 1000 W sur mât téléscopique de 6 mètres*
- *4 projecteurs 500 W sur mât téléscopique de 5 mètres*
- *4 projecteurs 500 W sur trépied*

Matériel de signalisation-balisage :

- *Gyrophare sur mât téléscopique de 5 mètres*
- *Rampe de feux à éclats*
- *10 cônes de Lübeck*

FSR

Une belle après-midi de printemps sur l'autoroute du Soleil...

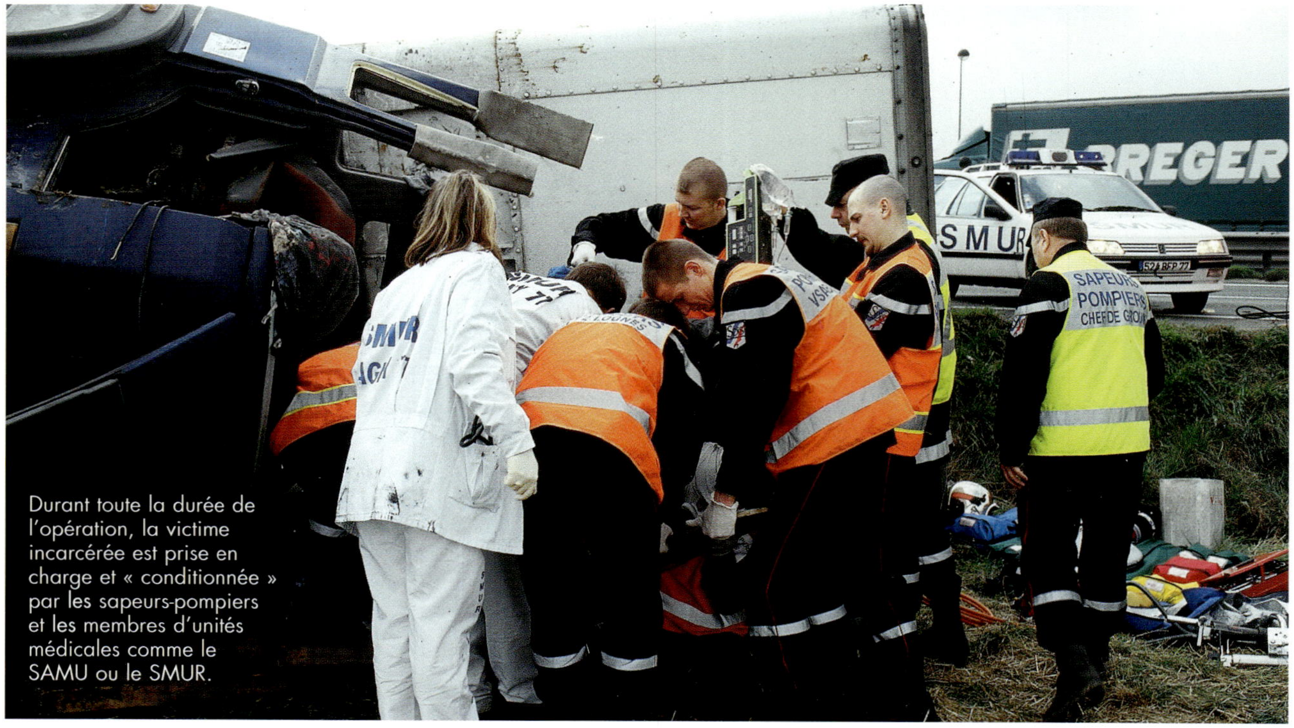

Durant toute la durée de l'opération, la victime incarcérée est prise en charge et « conditionnée » par les sapeurs-pompiers et les membres d'unités médicales comme le SAMU ou le SMUR.

La désincarcération, une procédure rigoureuse

Prenons le cas le plus courant d'un véhicule ayant subi un choc frontal et qui est resté sur ses roues. La première action des équipiers du VSR ou du FSR est de caler le véhicule au moyen de madriers et de cales afin d'éviter tout déplacement intempestif du véhicule pendant les manœuvres de désincarcération. Les pare-brise et baie arrière sont ôtés en découpant le joint de caoutchouc avec un outil spécial, les fenêtres des portières sont forcées, ôtées ou brisées avec précaution.

Les écarteurs sont utilisés principalement pour forcer les serrures et les ouvertures mais aussi pour positionner un coussin de levage gonflable ou un vérin.

Avec l'écarteur on fait sauter les charnières puis la serrure des portes avant de passer à la césarisation, c'est-à-dire la découpe des montants de la portière puis du pavillon. On s'attaque alors au dépavillonnage, c'est-à-dire que l'on retire purement et simplement le toit du véhicule. Les montants et tôles coupées — et donc coupantes — sont convenablement protégés par des manchons de tissu ou de caoutchouc. Certaines équipes utilisent des sections de tuyaux d'incendie coupés et rivetés. Si la victime est désormais plus accessible, il faut maintenant s'attaquer à l'habitacle proprement dit en relevant le tableau de bord au moyen de vérins. La colonne de direction subit le même sort en s'aidant éventuellement d'une chaîne montée sur l'écarteur. Si besoin est, on procède à la découpe des pédales au moyen d'un outil spécial. Pendant tout ce temps, la victime a été conditionnée, soignée et soutenue moralement.

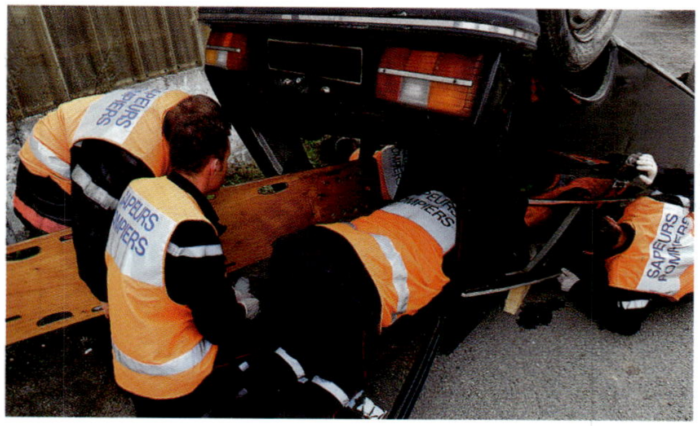

Elle peut alors être dégagée avec beaucoup de précaution, sécurisée et maintenue par l'utilisation du plan dur et finalement extraite du véhicule. La « désincar » est terminée.

Le bilan

Le chef d'agrès VSAB transmet alors par radio aux centres opérationnels arrière, dont le SAMU, le bilan de l'opération, à savoir l'existence de détresses vitales, les lésions constatées sur les victimes, et les dispositions prises. Ce bilan peut se compléter d'une demande éventuelle d'appui technique, c'est-à-dire le départ de moyens supplémentaires.

De jour, comme de nuit...

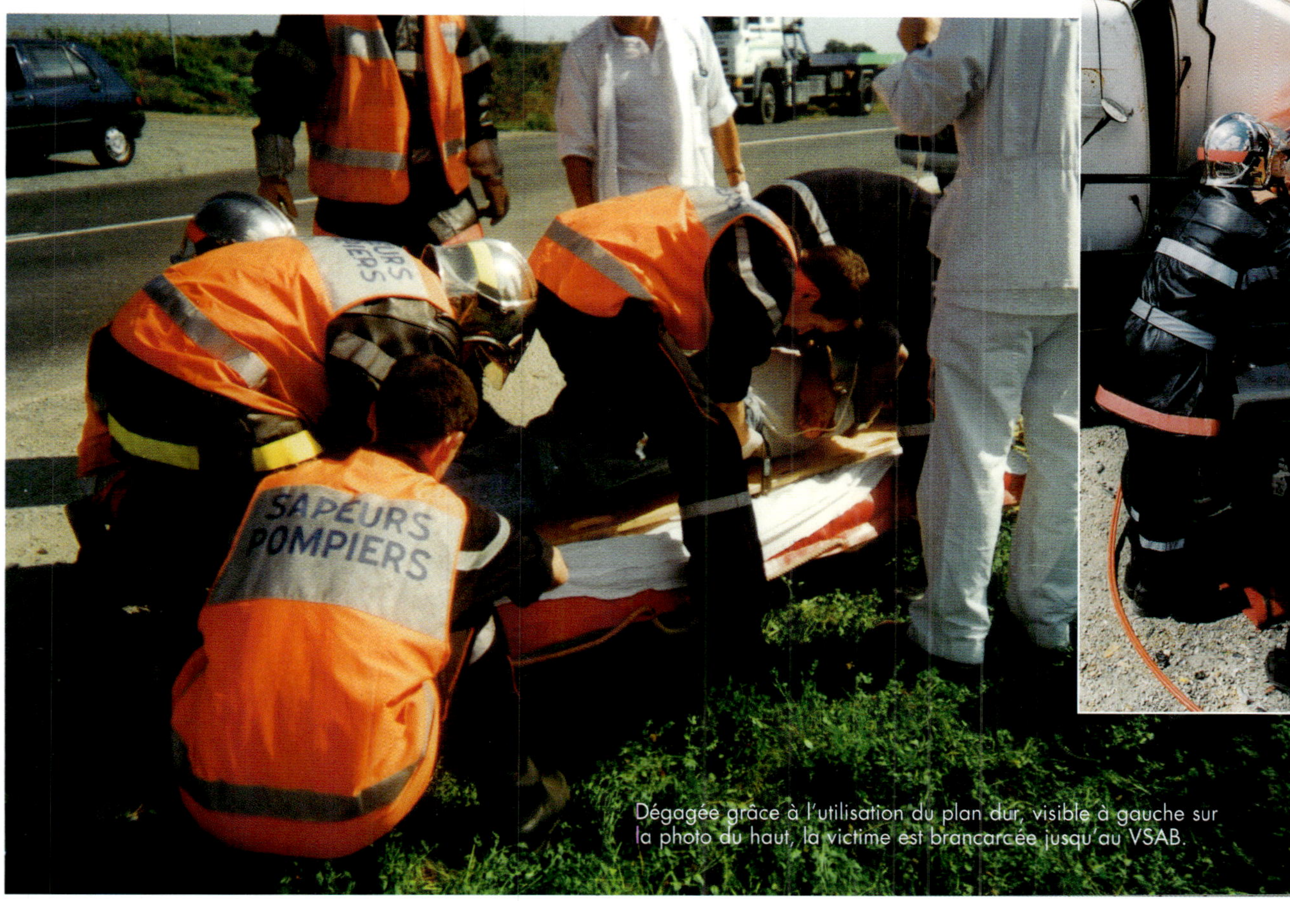

Dégagée grâce à l'utilisation du plan dur, visible à gauche sur la photo du haut, la victime est brancardée jusqu'au VSAB.

FICHE TECHNIQUE

FPTSR

FOURGON POMPE TONNE DE SECOURS ROUTIER

FICHE TECHNIQUE

Poids	15 tonnes
Longueur	8, 15 m
Largeur	2, 50 m
Hauteur	3, 50 m
Citerne eau	3000 litres
Capacité émulseur	200 litres
Pompe	1500 litres/min à 15 bars de pression

Le groupe d'extinction permettant la mise en œuvre de trois lances de 65/18 à 300 mètres est complété par six extincteurs de 9 kg à poudre.

Matériel de désincarcération comportant un groupe hydraulique alimentant cisaille, écarteur et coupe-pédale. Un lot de coussins de levage, des vérins et des outils ainsi que du matériel de forcement, de déblaiement, d'éclairage et de balisage complètent l'équipement du véhicule qui assure aussi bien les fonctions d'un FPT classique que d'un VSR.

FPTSR

CHAPITRE 5

Tenir la main. Tel pourrait se résumer l'esprit des pompiers dans leurs missions d'assistance et de secours. Des interventions les plus banales aux grandes opérations mettant en œuvre les moyens les plus lourds, le sapeur-pompier reste devant la détresse et la douleur un élément fort et riche de solidarité et de chaleur humaine.

ASSISTANCE ET SECOURS

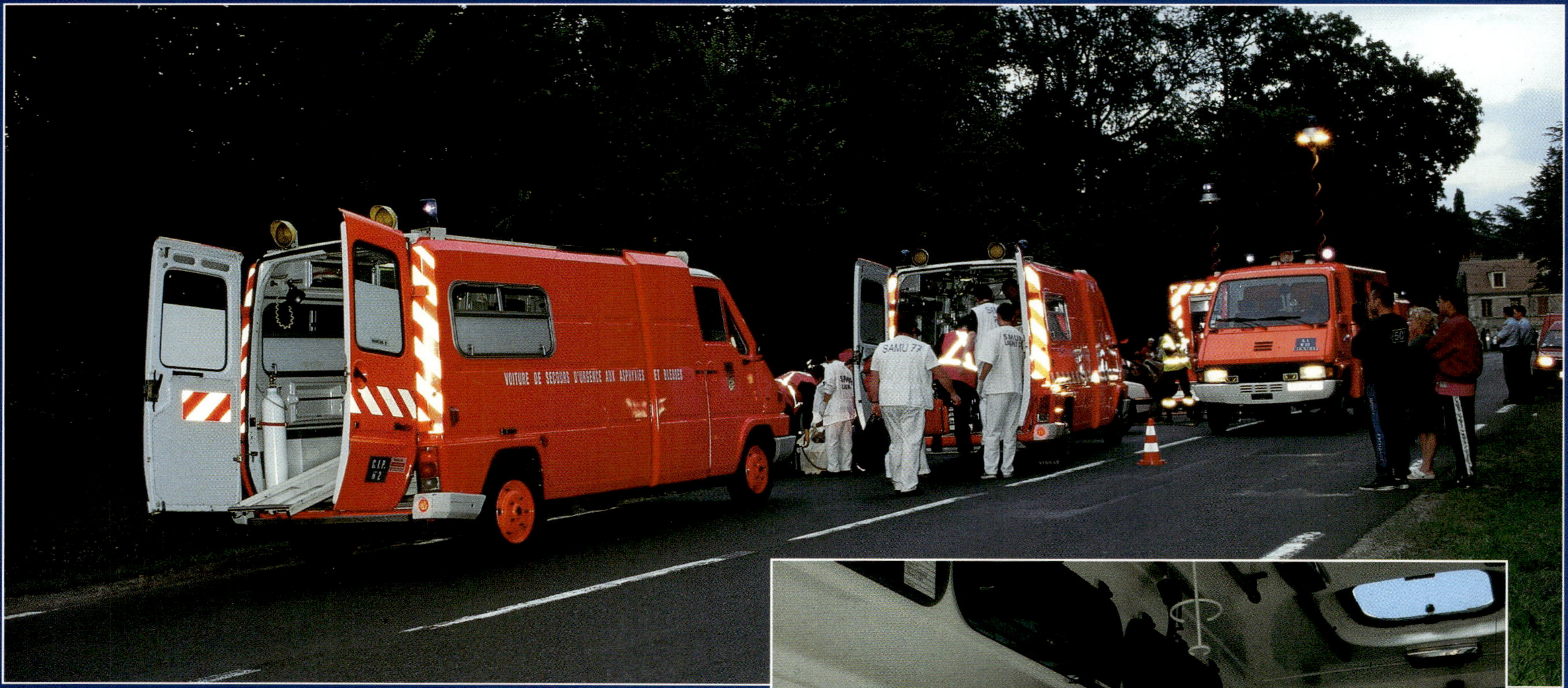

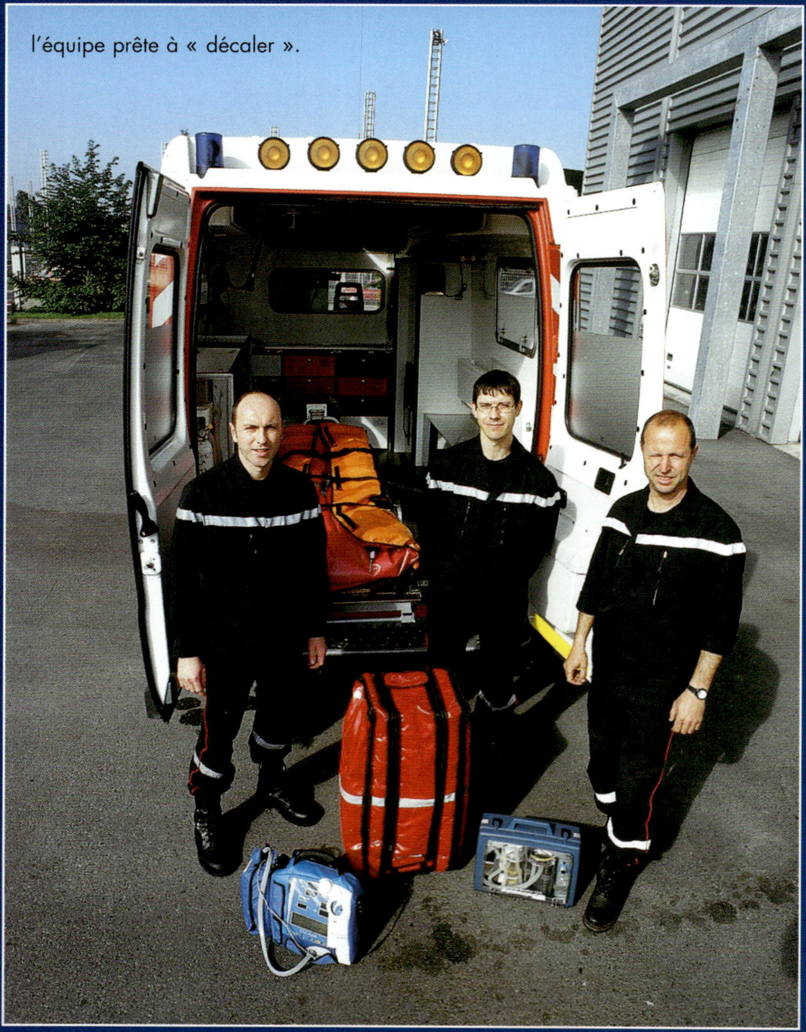
l'équipe prête à « décaler ».

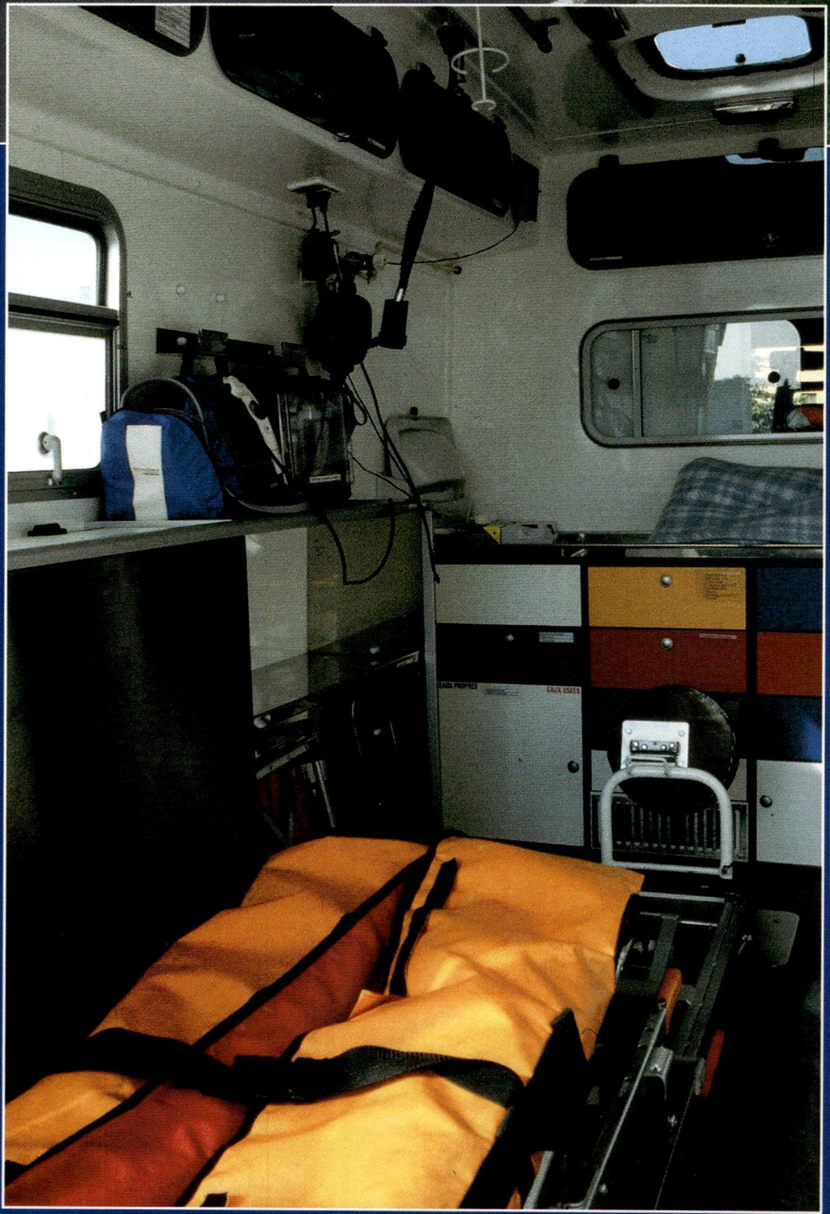

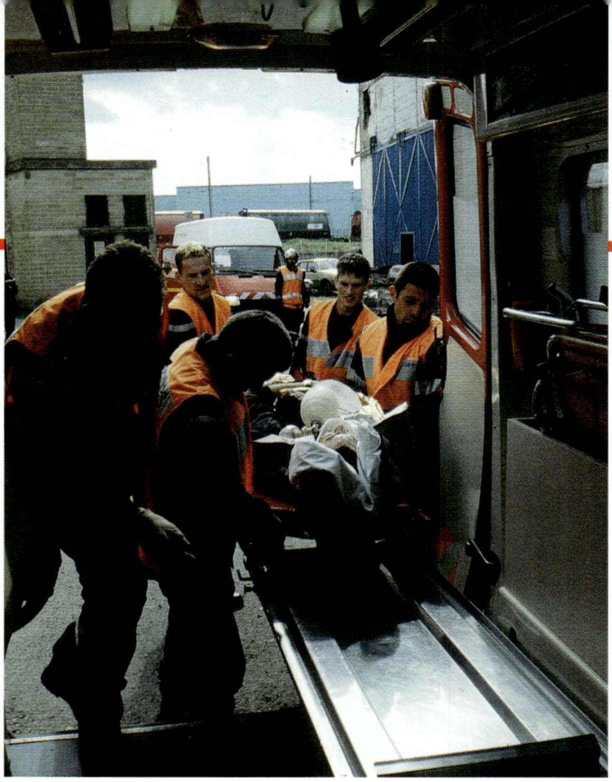

VSAB

LE VEHICULE DE SECOURS AUX ASPHYXIES ET AUX BLESSES

On l'appelle l'ambulance...

Le VSAB, communément appelé « ambulance », est certainement le véhicule le plus familier aux yeux du grand public puisque plus de la moitié des sorties opérées dans un centre sont généralement de son fait. Pouvant agir seul, le VSAB est un fourgon spécialement équipé dont la principale mission est le dégagement simple suivi des premiers soins aux asphyxiés, victimes d'accidents de la circulation ou de malaises.

Outre le chauffeur, le VSAB est servi par une équipe de trois hommes tous titulaires du CFAPSE, Certificat de formation et d'aptitude professionnelle au secours élémentaire.

Sur les quatre hommes embarqués, un au moins doit être apte au secours routier et donc titulaire du CFAPSR correspondant.

Le VSAB emporte un lot de matériels adaptés à sa mission.

Pour transporter la ou les victimes, on utilise brancards pliants et multipositions, portoir souple et matelas coquille, plan dur avec jeu de colliers cervicaux, d'attelles et de sangles de manutention.

Le VSAB dispose d'une valise pour effectuer les petits soins d'urgence et d'un important dispositif d'oxygénothérapie comportant des bouteilles solidaires du véhicule et des bouteilles mobiles plus légères. Des masques adaptés aux différentes victimes ainsi qu'un aspirateur électrique de mucosités. Pour les cas plus graves, la valise médicale et la cardio-pompe entrent en action ainsi que le DSA, le Défibrillateur semi-automatique, qui permet de pallier un arrêt cardiaque Une housse mortuaire est même prévue dans le cas d'un « Delta-Charlie-Delta ».

Quelques chiffres.

En France,
au 1er janvier 1998...

Personnes secourues.

sauvées	144 439
blessées	666 575
gravement	116 628
décédées	29 191

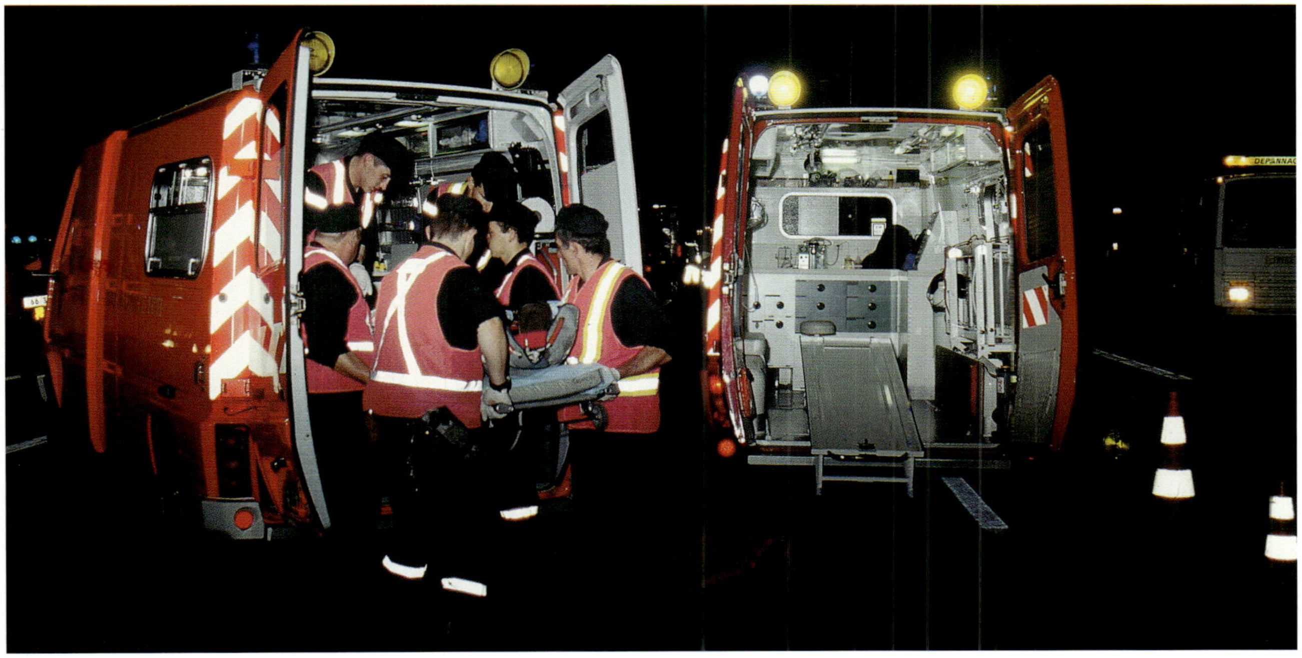

DCD

Delta-Charlie-Delta

Comme les militaires, les sapeurs-pompiers utilisent le code international Alpha,Bravo, Charlie... Un DCD, pour décédé, se trouvera normalement transformé en Delta-Charlie-Delta dans les conversations radio et les rapports. Une façon efficace d'éviter les rumeurs et les mouvements de foule lors d'accidents.

FICHE TECHNIQUE

VEHICULE DE SECOURS AUX ASPHYXIES ET AUX BLESSES

VSAB

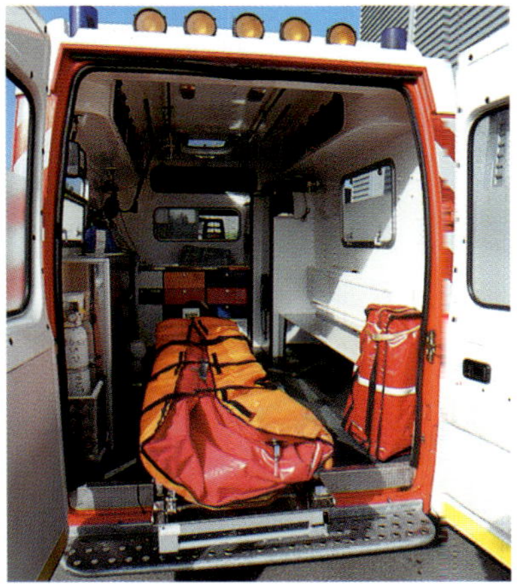

FICHE TECHNIQUE

Matériel embarqué :
Protection et balisage
Projecteur portatif
Gilets et gants de signalisation
Lot de sauvetage
ARI complet
Petite pince
Extincteur à poudre 9 kg.
Brancardage et immobilisation
2 brancards multipositions
Brancard pliant
Plan dur
Portoir souple
Matelas coquille à dépression
Sangles de manutention et de levage
Jeu de colliers cervicaux
Jeu d'attelles aluformes
Couvertures de survie
Housses mortuaires
Oxygénothérapie
Bouteilles fixes de 15 litres/200 bars
Bouteilles mobiles de 5 litres/200 bars
Ballons, masques et embout buccal
Aspirateur de mucosités électriques

Outre la valise de petits soins, le VSAB emporte un sac à dos « secouriste » composé du matériel de première urgence et de kits spécifiques : kit brûlé, kit perfusion...

VSAB

Le VSM, Véhicule de secours médical, emporte dans ses soutes, de quoi dresser en quelques minutes un mini-hôpital de campagne qui disposera d'un matériel médical ultra-moderne, d'un système de transmissions sophistiqué et même d'une réserve d'eau recyclable. Le VSM sert principalement à opérer le ramassage des victimes, les premiers soins et l'évacuation des blessés par ambulance ou hélicoptère. Le VSM peut fonctionner seul ou faire partie intégrante - avec d'autres VSM - du PMA, le Poste médical avancé.

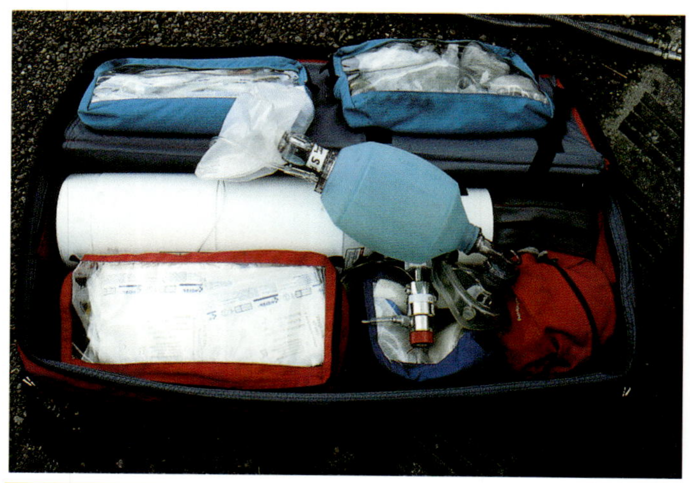

A l'arrière du VRM, le médecin sapeur-pompier dispose d'un matériel sophistiqué d'examen et de soins. Médicaments, petits outils chirurgicaux, matériel de réanimation et d'oxygénation, aspirateur de mucosités, défibrillateur...

Un véhicule rapide...

VRM et VSM

LE SECOURS MEDICAL D'URGENCE

Face aux situations d'urgence rencontrées principalement dans les accidents de la route, les sapeurs-pompiers ont développé, ces dernières années, l'utilisation de Véhicules rapides médicalisés, les VRM. Conduit par un médecin sapeur-pompier accompagné éventuellement d'un assistant, le véhicule - léger et rapide - emporte dans sa partie arrière tout un lot de matériel et de produits permettant de « traiter » un blessé ou un malade, quelles que soient les circonstances de l'intervention. Les sapeurs-pompiers disposent aussi de VLM, Véhicules de liaison médicalisés, qui utilisent le même équipement d'intervention que le SMUR, le Service médical d'urgence rapide.

...spécialement équipé.

Une fois examiné et « conditionné » par le médecin sapeur-pompier, le blessé est pris en charge de manière classique par le VSAB.

Les équipes des VSAB sont souvent les premières sur les lieux...

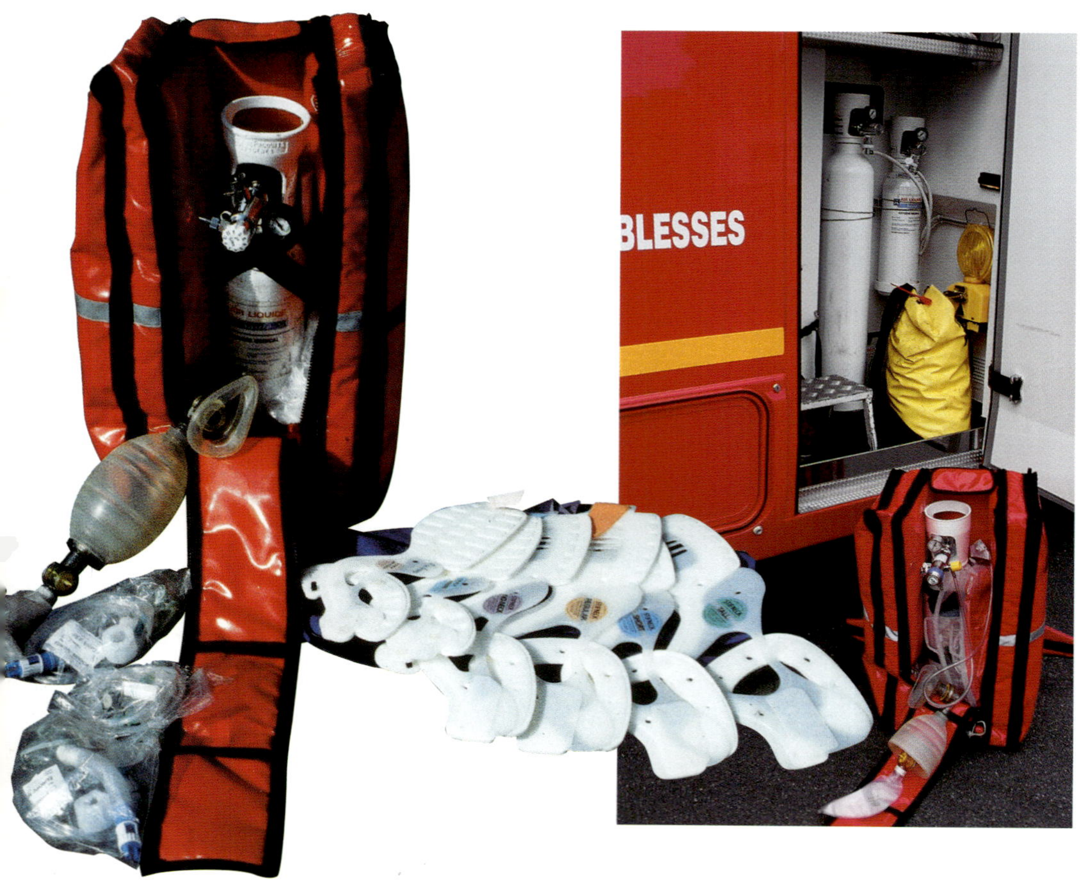

Chaque VSAB emporte dans ses coffres un sac médical avec bouteille d'oxygène portable, masques, colliers cervicaux... Dans le coffre se trouvent d'autres bouteilles d'oxygène pour l'alimentation du véhicule.

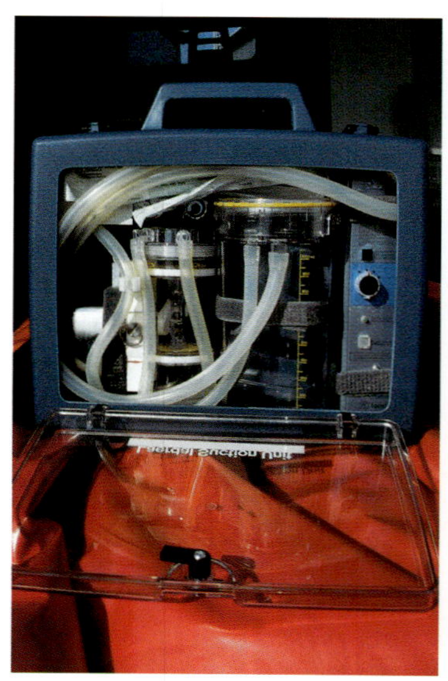

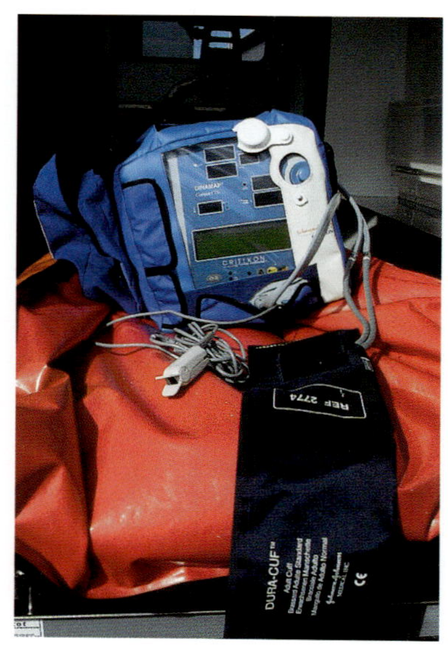

Autres appareils couramment utilisés par les sapeurs-pompiers : l'aspirateur de mucosités et le stimulateur cardiaque.

Le VSAB est aussi utilisé pour les accidents du travail.
Içi, une évacuation par un BEA, Bras élévateur articulé équipé d'un porte-civière.

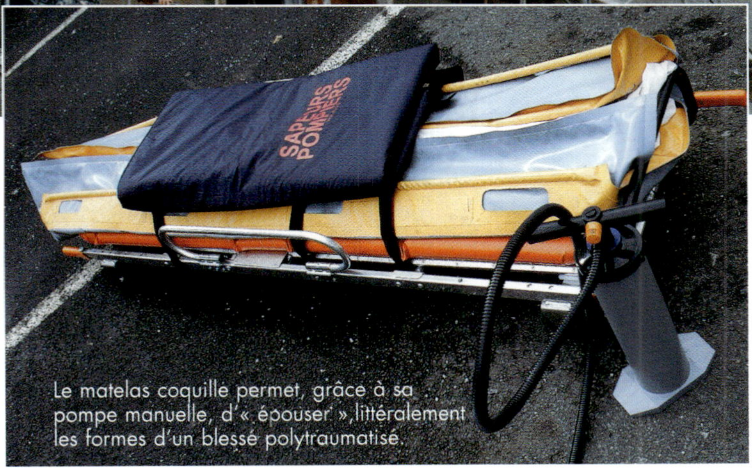

Le matelas coquille permet, grâce à sa pompe manuelle, d'« épouser », littéralement les formes d'un blessé polytraumatisé.

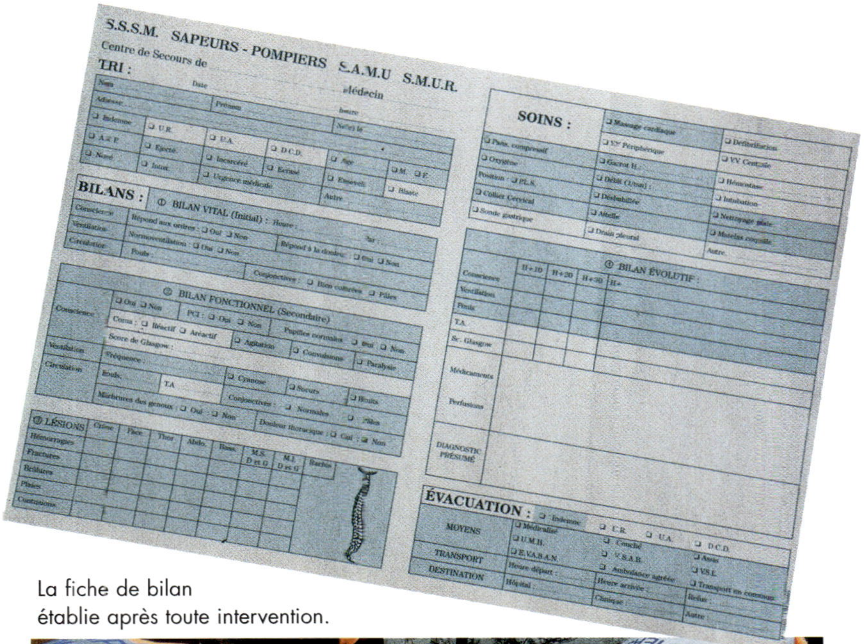
S.S.S.M. SAPEURS - POMPIERS S.A.M.U S.M.U.R.
Centre de Secours de
Médecin
TRI :
Nom Date
Adresse Prénom
❑ Indemne ❑ U.R. ❑ U.A. ❑ D.C.D.
❑ Impliqué ❑ Éjecté ❑ Incarcéré ❑ Écrasé ❑ Âge ❑ M. ❑ F.
❑ Noyé ❑ Intox. ❑ Urgence médicale ❑ Enseveli ❑ Blasté
Autre

SOINS :
❑ Massage cardiaque
❑ Pans. compressif ❑ VV Périphérique ❑ Défibrillation
❑ Oxygène ❑ Garrot H. ❑ VV Centrale
Position : ❑ P.L.S. ❑ Débit (l/mn) : ❑ Hémostase
❑ Collier Cervical ❑ Déshabillé ❑ Intubation
❑ Sonde gastrique ❑ Attelle ❑ Nettoyage plaie
❑ Drain pleural ❑ Matelas coquille
Autre

BILANS :
① BILAN VITAL (Initial) : Heure :
Conscience Répond aux ordres : ❑ Oui ❑ Non
Ventilation Normoventilation : ❑ Oui ❑ Non Répond à la douleur : ❑ Oui ❑ Non
Circulation Pouls :
Conjonctives : ❑ Bien colorées ❑ Pâles

② BILAN FONCTIONNEL (Secondaire)
Conscience ❑ Oui ❑ Non PCI : ❑ Oui ❑ Non
Coma : ❑ Réactif ❑ Aréactif Pupilles normales ❑ Oui ❑ Non
Score de Glasgow : ❑ Agitation ❑ Convulsions ❑ Paralysie
Ventilation Fréquence :
Circulation Pouls T.A. ❑ Cyanose ❑ Sueurs ❑ Bruits
Conjonctives : ❑ Normales ❑ Pâles
Marbrures des genoux : ❑ Oui ❑ Non Douleur thoracique : ❑ Oui ❑ Non

③ BILAN ÉVOLUTIF :

	H+10	H+20	H+30	H+
Conscience				
Ventilation				
Pouls				
T.A.				
Sc. Glasgow				

Médicaments
Perfusions
DIAGNOSTIC PRÉSUMÉ

③ LÉSIONS	Crâne	Face	Thor	Abdo.	Bass.	M.S. D et G	M.I. D et G	Rachis
Hémorragies								
Fractures								
Brûlures								
Plaies								
Contusions								

ÉVACUATION : ❑ Indemne ❑ U.R. ❑ U.A. ❑ D.C.D.
MOYENS ❑ Médicalisé ❑ U.M.H. ❑ E.V.A.S.A.N.
TRANSPORT ❑ Couché ❑ V.S.A.B. ❑ Ambulance agréée ❑ Assis ❑ V.S.L. ❑ Transport en commun
DESTINATION Heure départ : Heure arrivée : Refus :
Hôpital : Clinique : Autre :

La fiche de bilan
établie après toute intervention.

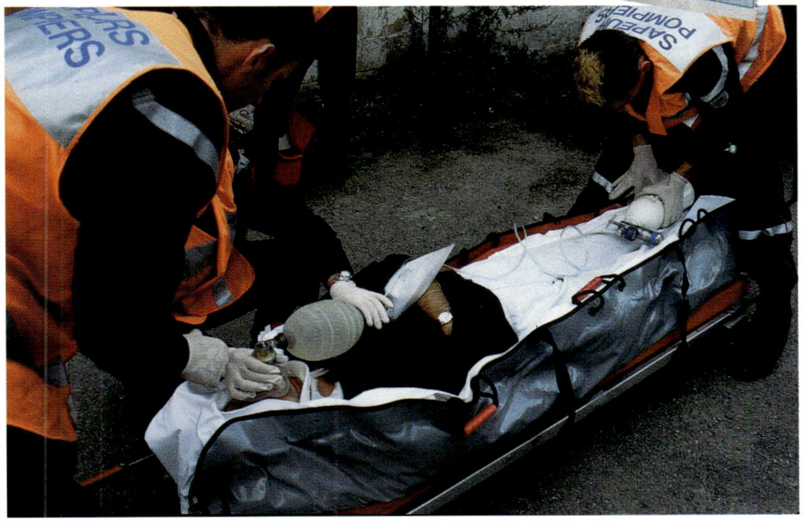

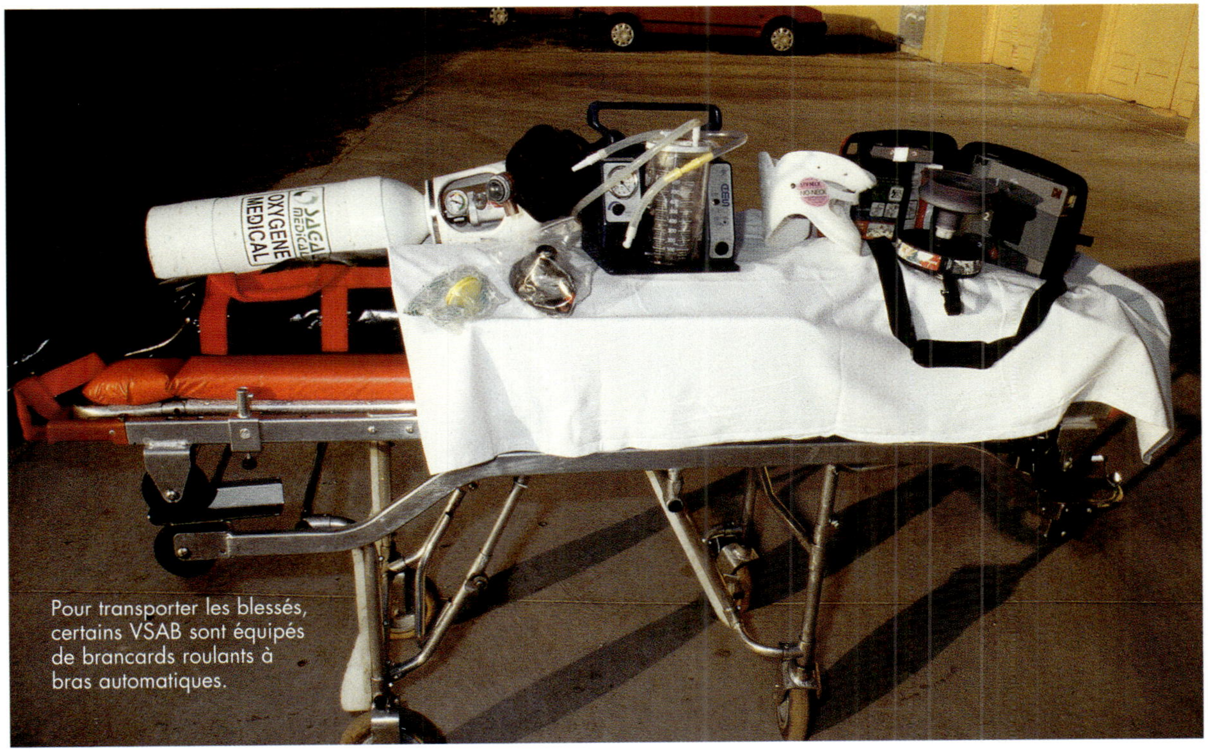

Pour transporter les blessés, certains VSAB sont équipés de brancards roulants à bras automatiques.

VSM, le Véhicule de secours médical
C'est un véhicule gros porteur spécialement aménagé qui permet un déploiement et une activation extrêmement rapide du PMA, le Poste médical avancé.

Le PMA dispose de sacs médicaux plombés - à cause des produits stupéfiants présents à l'intérieur - que prennent en charge les médecins présents sur les lieux et qui peuvent ainsi aller au-devant des victimes.

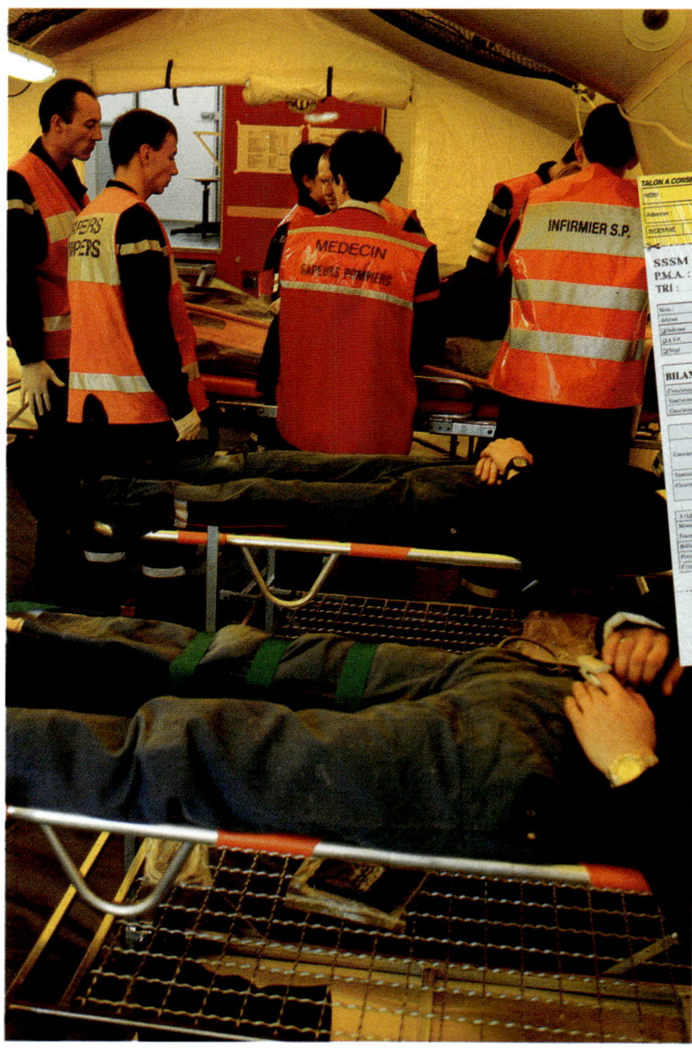

Chaque victime reçoit une fiche d'identification.

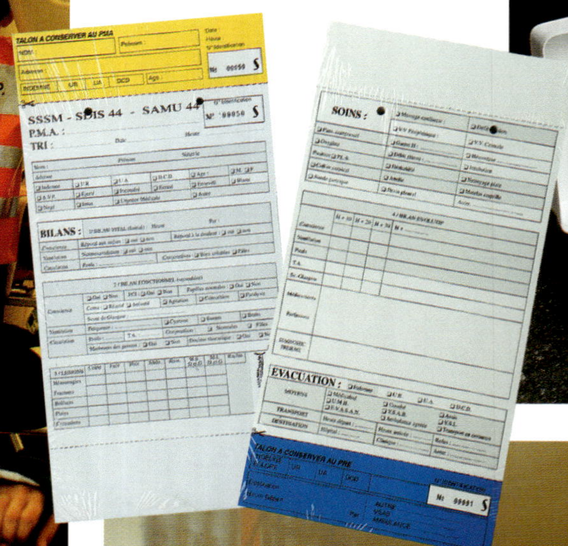

Civières plastique, matériel d'éclairage, mobilier, équipements médicaux...

PLAN ROUGE et PMA

LES SECOURS DE GRANDE AMPLEUR

Lors de catastrophes de grande ampleur comme un accident d'avion, un carambolage autoroutier, une catastrophe naturelle… le nombre de victimes à « traiter » peut être très important. Le CODIS, Centre opérationnel départemental d'incendie et de secours, peut alors décider d'envoyer sur les lieux une structure particulière : le PMA, ou Poste médical avancé. Ce poste médical avancé est monté et organisé à partir d'éléments modulaires transportés par un ou plusieurs VSM, Véhicules de secours médical, répartis dans le département et pouvant à tout moment être activés pour se réunir et former un PMA. Chaque VSM dispose bien sûr d'un mobilier et d'un matériel médical ultra-modernes mais aussi de transmissions particulières et d'un réservoir d'eau de 150 litres recyclables. En moins de dix minutes, un VSM peut dresser sous tente un petit hôpital de campagne qui peut immédiatement procéder au ramassage et au traitement d'une dizaine de personnes. Dans le cas de déclenchement d'un Plan Rouge, procédure adoptée dans des sinistres comportant donc de 10 à 60 victimes, plusieurs VSM, en général trois ou quatre, sont rassemblés pour élaborer une structure beaucoup plus vaste et complexe qui prend alors le nom de PMA, Poste médical avancé, capable lui, de traiter 60 victimes en même temps sous les ordres de six médecins.

Le PMA est ici prêt à recevoir les premières victimes. Au premier plan, les nacelles de transport des blessés sont empilées.

Le PMA est mis en œuvre lors de catastrophes impliquant un nombre important de victimes comme ici, lors d'un carambolage autoroutier.

CHAPITRE 6

LES INTERVENTIONS SPÉCIALES

Risque chimique, risque radioactif, pollution, mise en sécurité des personnes et des biens, elles sont nombreuses et diverses, les tâches auxquelles sont confrontés quotidiennement les sapeurs-pompiers. Des missions qui leur font vraiment mériter aujourd'hui le titre de « techniciens du risque et de l'urgence ».

Tenue d'intervention risques chimiques KI

Ce type de protection est très différent de la tenue GR, vue précédemment. L'ARI, présenté à droite est ici porté à l'intérieur de la combinaison totalement étanche. Le petit hublot sur le devant de la combinaison permet au sapeur-pompier de connaître à tout moment sa pression d'air. Le cercle noir visible à l'intérieur de la tenue est une soupape de sécurité en cas de surpression accidentelle due par exemple à une fuite d'air de l'ARI. Le manomètre de pression est visible sur la paire de bottes. Cette tenue KI est portée en présence de vapeurs corrosives telles que les acides phosphoriques ou le chlore en haute concentration, alors que la tenue GR, plus légère, est utilisée dans le cas de simples émanations toxiques. Certaines tenues sont carrément rendues inutilisables après une intervention. A noter, comme pour la tenue GR, l'embout pour la liaison extérieure de 50 mètres du système Naguilé. La tenue KI est équipée d'une radio 400 Mh pour communiquer avec l'extérieur durant tout le temps de l'intervention. La tenue est réalisée en matière synthétique à base de viton et de butyl et de tissu Nomex pris en sandwich entre deux couches de butyl.

Le code de danger

x	interdiction d'éteindre à l'eau ou à la mousse
0	absence de danger secondaire
1	matières explosibles
2	gaz
3	liquides inflammables
4	solides inflammables
5	comburants ou peroxydes
6	matières toxiques
7	matières radioactives
8	matières corrosives
9	danger de réaction violente

Ce code de danger est inscrit sur un panneau de couleur orange placé sur le véhicule transportant la matière dangereuse.

La plaque ci-dessus empruntée au véhicule de la page 78 porte le chiffre 33 qui indique la présence d'un liquide très inflammable par le doublement de la lettre du code de danger.

Le chiffre 1203 en dessous est le code matière, ici, de l'essence.

Autre exemple :
le chiffre 886 indique un produit à la fois très corrosif (88) et toxique (6). Nous sommes par exemple en présence d'acide fluorhydrique.

Tenue d'intervention risques chimiques GR

Réalisée en butyl très épais et fermé par une glissière de sécurité, la tenue GR est totalement étanche aux liquides et aux gaz. Les gants et les bottes sont solidaires du corps de la tenue. En dessous, le masque, qui porte sa protection en feutre, reçoit l'embout de l'ARI visible à l'arrière-plan. L'ARI est porté à l'extérieur sur la tenue. A droite, on remarque le double embout permettant de recevoir un branchement d'air extérieur direct, le système Narguilé. Le sapeur-pompier peut se déconnecter à tout moment et très rapidement en cas de difficulté dans sa progression. Pour plus de confort, une capuche-combinaison est portée en dessous.

Valise de prélèvement

Les ampoules de verre contenant le réactif sont contenues dans les étuis visibles à droite. Chaque couleur correspond à un type de produit à détecter. Au premier plan, une petite pompe à main est utilisée pour aspirer l'atmosphère ambiante. Il suffit de casser les embouts de l'ampoule et de l'introduire dans la pompe. Le gaz fera immédiatement réagir la composition, permettant son identification. A gauche de la valise, une pompe de type électrique peut assurer le même service que la pompe manuelle. Au premier plan, différents types de papiers réactifs pour mesurer le degré d'acidité ou de basicité.

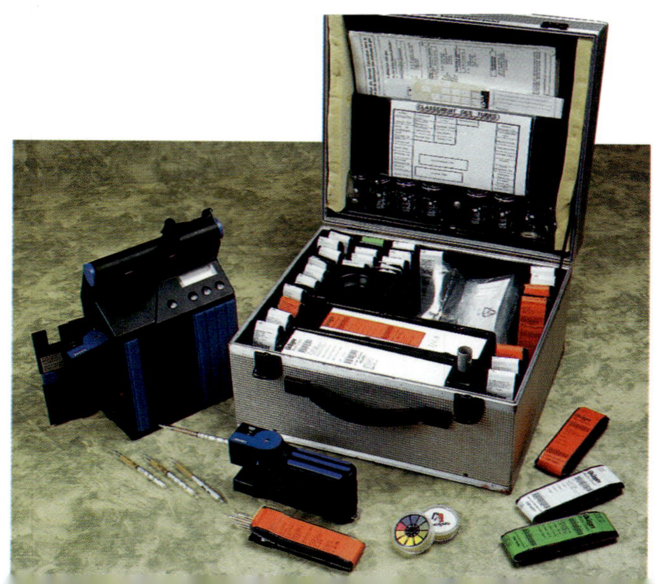

CMIC et UMIC

FACE AU DANGER CHIMIQUE

Le risque chimique est partout...

Il existe bien sûr les produits chimiques et organiques de base, les gaz comprimés, les produits minéraux et engrais, mais aussi les peintures, les détergents, les colorants, les matières plastiques, les médicaments... Tous ces produits du « quotidien » sont quelques-uns des milliers de produits représentant potentiellement un risque chimique que peuvent rencontrer les sapeurs-pompiers. Quand on sait par exemple qu'en France, il se produit plus de 45 millions de tonnes d'explosifs par an, on mesure que le risque, s'il est aussi discret que méconnu, est réel. C'est pour apporter une aide à la décision aux services des secours qu'ont été mises en place les UMIC, les Unités mobiles d'intervention chimique, et les CMIC, les Cellules mobiles d'intervention chimique. Leur principale mission est de déterminer le plus précisément possible les composants du risque chimique et de guider les secours pour une neutralisation rapide. Dotés de matériel spécialisé, les UMIC répondent aux premiers impératifs dictés par l'urgence de la situation, à savoir la détection et la localisation des dangers et la mise en place de contre-mesures immédiates. Ces premières dispositions prises, l'ensemble des renseignements collectés est transmis à la cellule d'identification départementale qui va évaluer plus précisément les conséquences prévisibles de l'événement et propose les solutions adéquates.

Trois formes différentes pour un risque

Les équipes des UMIC sont confrontées à des produits chimiques qui peuvent prendre toutes les formes. Qu'il soit solide, liquide ou gazeux, le risque est toujours important, surtout si l'on tient compte du fait que le produit qui évolue, par exemple de l'état liquide à l'état gazeux, ne présente pas les mêmes risques tout au long de son évolution.

Tenue GR2
Appelée aussi « tenue Matisec », du nom de son fabricant, la combinaison avec casque, gants et bottes intégrés est entièrement étanche aux acides et aux gaz. Elle est portée avec des sous-vêtements blancs en coton qui facilitent la sudation. L'utilisation de l'ARI, porté par-dessus la combinaison autorise une autonomie d'environ une demi-heure. Pour des interventions plus longues, on peut utiliser le système d'alimentation d'air extérieur « Narguilé » dont on voit les prises de branchement sous la main gauche de l'homme.

Pourquoi un explosimètre ?
L'appareil est employé quand il y a eu dégagement d'un gaz inflammable ou explosif dans l'air ambiant. Il apprécie le « taux de danger », c'est-à-dire pour un gaz donné, quelle proportion de la limite d'inflammabilité, voire d'explosion, on a atteint dans le mélange. La LIE, la Limite inférieure d'explosivité, c'est-à-dire le seuil où le mélange peut exploser. Explosion qui peut être provoquée par une étincelle, une flamme, un arc électrique...

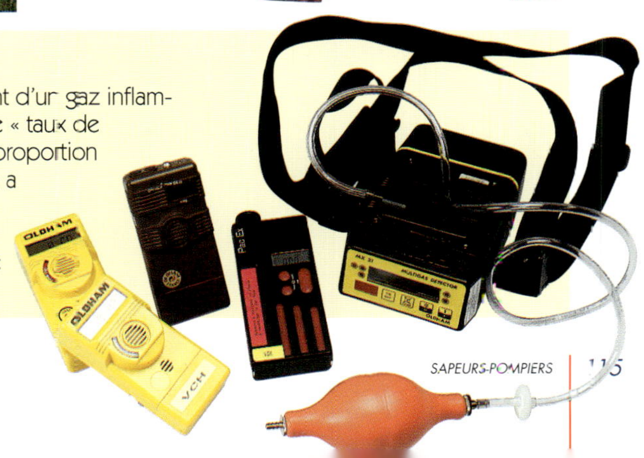

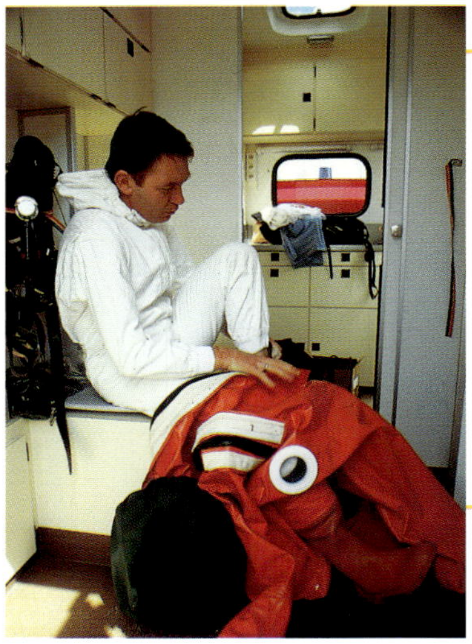

Le VCH, le Véhicule d'intervention chimique

Il emporte tout le matériel indispensable à une première estimation et mesure du risque chimique encouru à savoir : matériels de détection et de mesure, explosimètres, tenues étanches de type K1 , K2 ou GR, systèmes de ventilation, ARI, appareils respiratoires individuels, matériel de balisage et d'établissement d'une zone réservée, conteneurs divers et outils de prélèvement...

Depoll, la lutte contre les pollutions accidentelles

Voilà bien un type d'opération qui a pris de plus en plus d'ampleur dans l'éventail des missions dévolues aux sapeurs-pompiers. Les pollutions accidentelles peuvent toucher l'air, la terre et l'eau. Pour ce qui concerne les pollutions de l'air, la spécificité des produits en cause et des gaz fait que ce sont plutôt les CMIC et les UMIC qui en reçoivent la responsabilité. Et si, pour les pollutions terrestres, les interventions sont difficiles et s'avérent moins efficaces, c'est pour les pollutions des eaux que les sapeurs-pompiers sont le mieux armés, dès lors que le polluant n'est pas miscible dans l'eau. La pollution d'un cours d'eau, d'un étang ou d'une retenue peut être la conséquence d'un déversement brutal ou insidieux d'une matière toxique. Les conséquences peuvent être très différentes suivant le produit concerné. Une fuite dans une citerne d'hydrocarbures peut provoquer une explosion, un renversement d'acide ou de base détruire toute la faune et la flore contaminée et un liquide apparemment moins dangereux polluer de façon durable la nappe phréatique. Pour empêcher la dérive du produit dans les eaux, les sapeurs-pompiers utilisent des rideaux flottants. Composés d'un train de boudins garnis de mousse et munis d'une jupe plastique,

Conséquences de la marée noire...

...ou pollution d'un plan d'eau, les sapeurs-pompiers sont là.

les rideaux flottants sont déployés sur l'eau pour retenir les produits polluants en les piégeant. On peut aussi utiliser des barrages absorbants, composés d'un « matériau éponge » contenu dans un filet. Ce procédé, simple à mettre en œuvre, est efficace dans le cas de petites pollutions.
Plus particulièrement adaptés aux pollutions par des hydrocarbures, les sapeurs-pompiers peuvent répandre des produits absorbants qui peuvent « engloutir » jusqu'à vingt-cinq fois leur poids. Pour recueillir les polluants, certaines cellules Depoll peuvent mettre en œuvre une « écrémeuse » (Skimmer), sorte de pompe flottante qui n'aspire que la couche d'hydrocarbures. Après stockage et décantation, le polluant sera transféré vers des sociétés spécialisées pour être traité ou détruit. Le travail des sapeurs-pompiers ne sera pas terminé puisqu'il faudra alors procéder au nettoyage complet du site, principalement aux points d'accumulation du polluant.

La CeDCT, la Cellule de dépollution chimique terrestre

La CeDCT est une berce qui emporte aussi bien du matériel d'obturation et de récupération que d'assèchement et de pompage.
Les six hommes qui composent le groupe de départ « dépollution » y trouvent leurs tenues de protection individuelle du type IPP ou « Responder » avec ARI, Appareil respiratoire isolant, bottes et gants. Pour obturer une fuite, on utilise des coussins spéciaux de type « vetter » de formes et diamètres différents. Le matériel de récupération consiste en des bacs inox et des citernes fermées.

Les sapeurs-pompiers des UMIC interviennent lors d'accidents pouvant entraîner des risques pour l'environnement ou pour la population proche comme par exemple ici, pour cette intervention de flacon d'acide brisé pendant une manipulation de transport.

Tenue d'intervention risques radiologiques
En fond, la sous-tenue que porte le sapeur-pompier sous la tenue d'intervention proprement dite, visible au premier plan. Celle-ci est en butyl blanc avec sous-gants et gants en caoutchouc. La tenue se porte avec un masque équipé d'une cartouche spéciale. A remarquer, le rouleau d'adhésif qui permet de rendre la tenue étanche aux poussières radioactives.

Les déchets et les ordures peuvent parfois créer des surprises...

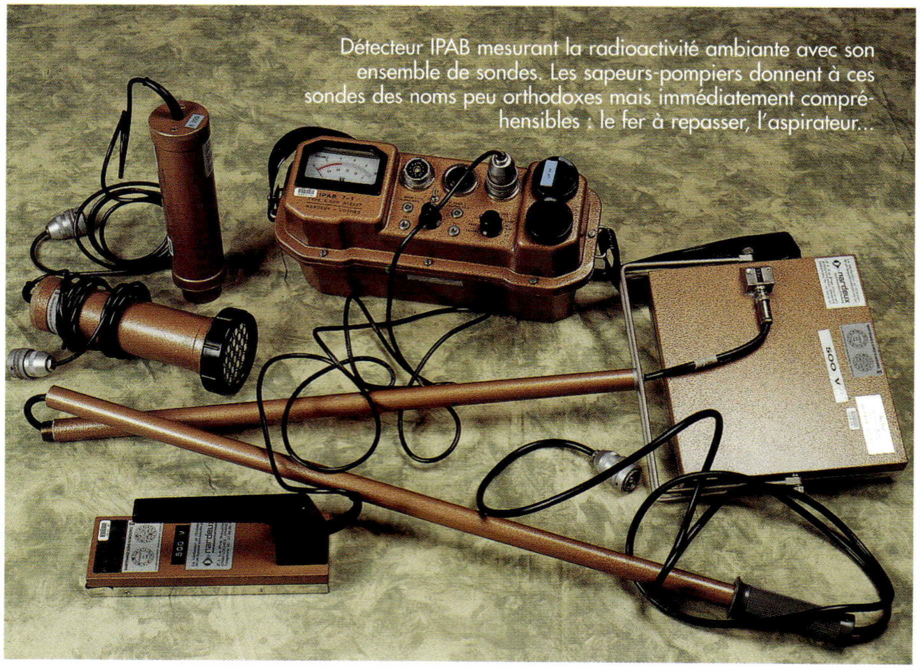

Détecteur IPAB mesurant la radioactivité ambiante avec son ensemble de sondes. Les sapeurs-pompiers donnent à ces sondes des noms peu orthodoxes mais immédiatement compréhensibles : le fer à repasser, l'aspirateur...

A gauche, un détecteur MCB1 du type Babyline pour mesurer la radioactivité. Au fond, un scintillomètre dont la réaction sonore, audible en nombre de coups par seconde, renseigne sur le niveau de dangerosité. Pour la sécurité individuelle, chaque intervenant porte « scotché » sur sa tenue un stylo dosimètre qui mesure la quantité de rayonnement reçue tout au long de l'intervention. A droite, le « château » en plomb et sa pince spéciale qui sert à récupérer les objets solides radioactifs et à les transporter en lieu sûr.

CMIR et UMIR

LE RISQUE RADIOLOGIQUE

Dans un pays qui a choisi le nucléaire comme principale source de production électrique, on pourrait penser que le risque radioactif en France est plus important que dans d'autres pays du monde. Mais le principal risque ne vient pas des centrales atomiques proprement dites mais de la multitude de produits radioactifs qui circulent en France, comme par exemple les radio-isotopes pour la recherche et le diagnostic médical ou encore les appareils de mesure de niveau. Ce sont plus de 300 000 colis, dont les deux tiers sont destinés au secteur médical, qui transitent annuellement par mer, route et rail.

La triple mission des UMIR

Tout d'abord, la détermination de la nature du risque radioactif, opération menée conjointement avec la mise en sécurité et la protection du public et des intervenants. Ces actions se complètent par l'isolement des sources radioactives ou en cas d'impossibilité, la limitation des effets engendrés par ce risque. Les UMIR « Unités mobiles d'intervention radiologique » interviennent en assistance technique d'urgence aux sapeurs-pompiers locaux dans le cas d'un accident ou d'un incident à caractère radiologique. Elles peuvent aussi être appelées — sur demande expresse de l'exploitant — pour une intervention à l'intérieur des installations protégées comme les centrales nucléaires.

Procédure d'intervention

Une première reconnaissance a lieu par les hommes dûment protégés pour déterminer le type d'accident, la présence de victimes et de la source radioactive. Après le sauvetage d'urgence des personnes éventuellement impliquées, il est établi un périmètre de sécurité balisé muni d'un « sas » d'accès. Les équipiers vont obligatoirement pénétrer et sortir de la zone contaminée par ce sas. C'est aussi là où auront lieu le déshabillage et la décontamination des équipiers après l'intervention.

La détection

La mesure des effets des rayonnements, appelée dosimétrie, est très importante dans la détermination du risque et la mise en place des moyens de protection et des procédures adaptées. Plusieurs procédés existent, du plus simple comme l'impression de films radiologiques aux appareils de détection plus sophistiqués comme la Babyline ou l'IPAB. Chaque équipier porte sur sa tenue un stylo dosimètre qui mesure la quantité de rayons reçue durant toute l'intervention.

Le VR, le Véhicule d'intervention radioactivité

Une équipe UMIR doit pouvoir réaliser immédiatement et dans n'importe quelle circonstance les reconnaissances et les premières mesures sur un site contaminé. A cet effet, le VR, Véhicule d'intervention radioactivité, emporte, outre les tenues et les masques spéciaux, un éventail complet de matériels et de sondes de détection et de mesure, des outils de prélèvement, tout le matériel permettant d'établir une zone « chaude » et une zone « froide », des douches de décontamination, des conteneurs spécialement conçus pour l'enlèvement de la matière radioactive...

Chaque équipier endosse un masque filtrant et une tenue spéciale que l'on rend vraiment étanche avec du ruban adhésif.

Le port obligatoire d'un stylo dosimètre permet de connaître la quantité de radiations reçue par l'équipier au cours de son intervention.

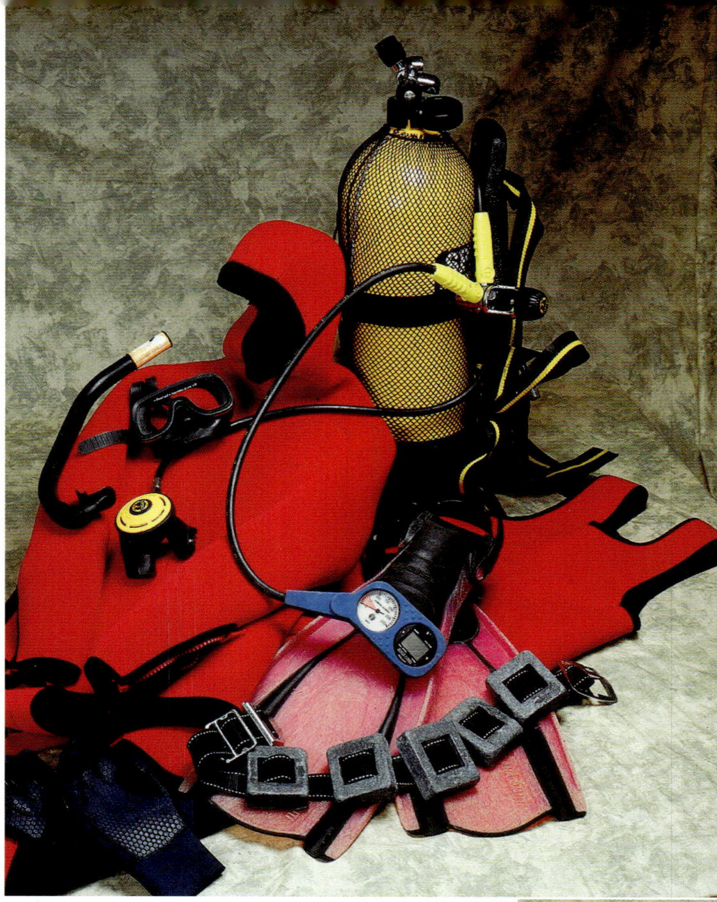

Plongeur en tenue humide d'hiver
Le plongeur porte ici une bouteille de 12 litres d'air comprimé à 200 bars arrimée sur sa « stabilizing jacket » sorte de harnais-parachute gonflable qu'il doit obligatoirement porter pour les interventions à plus de 12 mètres de profondeur. A remarquer à droite, la lampe flash de repérage qui signale le plongeur à son coéquipier ou aux personnes restées à la surface.

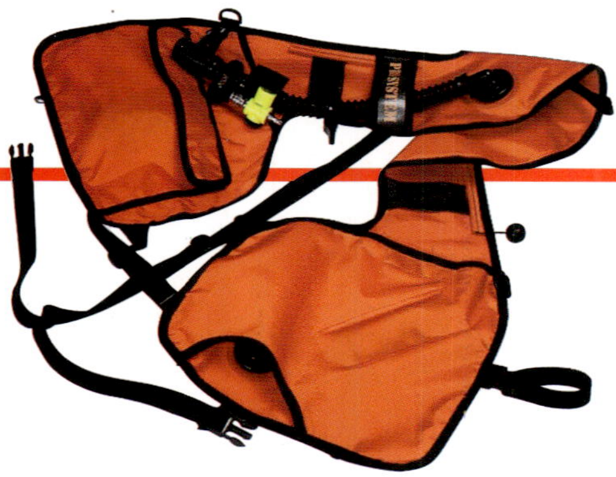

PL et GRIMP

LES SPECIALISTES DE L'EXTREME

Les plongeurs

Les plongeurs sont vraiment un monde à part dans le milieu des sapeurs-pompiers. Nés dans les années 60, les plongeurs étaient souvent dans les corps la seule et unique unité vraiment spécialisée utilisant un matériel spécifique relativement sophistiqué. Aujourd'hui, les plongeurs, abondamment sollicités, interviennent dans de nombreux cas : recherche de personnes, de biens et d'animaux bien sûr mais aussi interventions en cas d'inondations, de naufrages, de pollution aquatique. Les plongeurs sapeurs-pompiers sont souvent réquisitionnés pour des recherches sur réquisition judiciaire. De nouvelles tenues étanches leur permettent d'évoluer dans des eaux extrêmement polluées et chargées en acide ou tout autre produit chimique particulièrement agressif. Les plongeurs interviennent toujours en binôme sauf en cas d'urgence immédiate. Dans ce cas, un deuxième plongeur, resté en surface, se tient près à s'immerger à tout moment.

Le GRIMP, le Groupe d'intervention en milieu périlleux

Le GRIMP intervient quand le lot de sauvetage n'est plus efficace. Victime trop gravement atteinte, difficultés techniques pour l'atteindre, grande hauteur ou à l'inverse, excavation périlleuse ou profonde. Les interventions du GRIMP sont différentes de celles pratiquées par les hommes de « Spéléo-Secours », même si ceux-ci peuvent travailler en site naturel, ravins ou falaises par exemple. Leurs sites d'évolution sont plutôt les grands sites urbains, les chantiers de construction, les grues, les IGH, Immeubles de grande hauteur, ou tout site classique pendant les jours de tempête ou de vent violent. Ils peuvent aussi travailler avec un hélicoptère en hélitreuillage.

Plongeur en tenue sèche d'hiver
La tenue étanche - on dit sèche - est portée par moins 10 degrés et dans les eaux dites « à risques ». A noter, au milieu de la poitrine, l'inflateur qui injecte l'air sous pression dans la combinaison et le purgeur placé sur le bras gauche du plongeur.

Casque spécial, combinaison une pièce, harnais de sécurité, les équipiers du GRIMP sont facilement identifiables.

Le lot de sauvetage composé de sangles, de fixations et d'un harnais est contenu dans un sac plombé.

Au GRIMP, la spécialité prime sur le grade. L'IMP, l'Intervenant en milieu périlleux, est classé en trois groupes. L'IMP 1, bien qu'autonome sur corde, n'intervient pas directement dans l'opération proprement dite. Plus perfectionné, l'IMP 2 agit sous les ordres du chef d'unité IMP 3. La hiérarchie est établie par la couleur du casque : rouge pour les IMP 2 et blanc pour les IMP 3. Comme les plongeurs, les IMP subissent un test d'aptitude annuel. L'IMP 2 et l'IMP 3 doivent passer plus de 80 heures sur corde par an, que ce soit en travail individuel ou en groupe. Si les hommes du GRIMP utilisent des matériels d'alpinisme, leurs techniques d'intervention font plus appel aux techniques de la spéléo qu'à celles de l'alpinisme.

Le GRIMP intervient dans tous les cas où l'accès à la victime est difficile, comme ici pour cette évacuation lors d'un accident de chantier.

La spécialité cynophile

Il s'agit d'une spécialité très particulière, intégrée à une autre spécialité : le sauvetage-déblaiement. Un groupe cynophile peut se composer d'une ou plusieurs équipes indissociables, le binôme « homme-chien ». Chaque équipier entretient avec son chien une relation très forte et très chaleureuse avec un objectif unique et commun, la recherche des personnes ensevelies suite à un effondrement d'immeuble, à un glissement de terrain, ou encore à une explosion. Certaines équipes spécialement formées peuvent aussi être engagées dans la recherche de personnes égarées. Les équipes reçoivent une formation complète à Briançon dans les Hautes-Alpes. Chaque chien engagé en opération doit être titulaire du brevet national dans la spécialité « recherche des personnes ensevelies ». Bien que les services de secours aient à leur disposition des appareils performants d'écoute, de détection électronique et même d'observation par l'utilisation de fibres optiques, le binôme homme-chien demeure un outil de recherche inégalé, le flair extraordinaire du chien pouvant détecter une victime à plus de 4 m de profondeur, que ce soit dans la neige ou sous un amas de béton.

LE SAUVETAGE DEBLAIEMENT

Une activité peu connue des sapeurs-pompiers. Leur mission consiste à retrouver et à « traiter » le plus rapidement les victimes d'un effondrement d'immeuble, d'une explosion, d'un séisme. Les équipiers SD utilisent des appareils sophistiqués pour détecter les victimes ensevelies. Le chien se révèle un acteur puissant dans cette recherche. Pour le dégagement comme pour le déblaiement un vaste éventail de matériel de forage, de levage et d'outils de toutes sortes est contenu dans les berces spéciales qui accompagnent les équipes dans leurs missions.

La chasse aux guêpes et aux frelons peut quelquefois être entreprise sur une grande échelle - dans tous les sens du terme.

Incendie… et pollution sont au rendez-vous.

Réparer les dégâts de la tempête…

…mettre tout le monde en sécurité.

VTU et OD

UNE MULTITUDE D'INTERVENTIONS

VTU, le véhicule à tout faire

Le VTU, c'est le Véhicule toutes utilisations et, comme son nom l'indique, il sert à tout. Un véritable inventaire à la Prévert, ce que contient un VTU, la bonne à tout faire présente dans chaque corps de sapeurs-pompiers en France. Simple fourgon, il emporte souvent les matériels destinés aux interventions légères comme des échelles à coulisses, un vide-caves, les tenues étanches et le matériel de traitement pour les nids de guêpes ou de frelons, des bâches, des cordages, des outils divers... Il emporte aussi un groupe d'épuisement, un aspirateur à eau, du matériel de tronçonnage. On fait appel à lui, aussi bien pour vider une cave remplie d'eau que pour monter en haut d'un arbre dégager le petit chat de la maison. Une image tenace mais souriante des notions de dévouement et de service public dévolues aux sapeurs-pompiers.

Détecter une fuite de gaz...

Elles sont nombreuses,les possibilités d'intervention des sapeurs-pompiers. Les inondations, les tempêtes, les orages sont des agents de risque importants, mais il y a aussi les animaux, l'environnement et tout simplement le hasard qui créent des situations souvent délicates, quelquefois souriantes, toujours humaines.

...sauver une biche égarée...

... ou tout simplement apporter son aide.

CHAPITRE 7

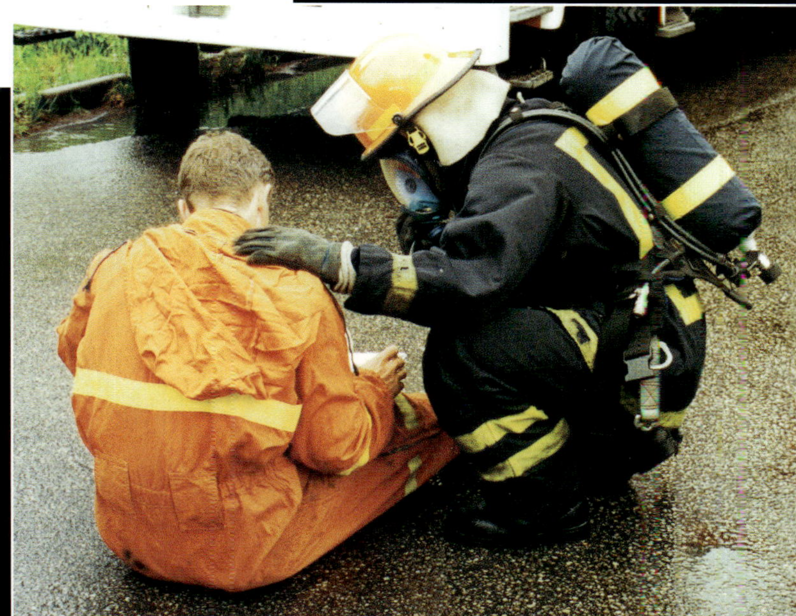

Le « Feu Sacré » qui anime le sapeur-pompier n'a pas de frontières... Qu'il soit bombeiros espagnol, pompieri italien ou feuermann allemand, si les moyens et les techniques sont différents, il accomplit les mêmes missions avec le même attachement à ce qui fait toute sa vie : assister et porter secours.

UN ESPRIT UNIVERSEL

FPT autrichien TLFAT réalisé par la firme Rosenbauer. Son concept repose sur une fabrication en aluminium avec des structures portantes ultra-légères en « nid d'abeilles ».

FPT autrichien TLFAT coffres ouverts.
A remarquer sur le toit, un canon à mousse.

VSR lourd réalisé par la firme suisse Vogt sur un châssis Steyr quatre roues motrices pour les sapeurs-pompiers volontaires de Egg dans le canton de Zurich. 315 chevaux, 15 tonnes de PTAC.

VSR « bergomatic » pour les pompiers autrichiens. Châssis Steyr 4x4, cabine 3 places, poids total en charge de 13,4 tonnes et moteur de 160 chevaux.

FPT Rosenbauer TLF « falcon ». Le châssis est à quatre roues motrices équipé d'un moteur Mercedes Benz OM422 de 280 chevaux. La cabine offre huit places. La capacité en eau peut varier de 2000 à 3700 litres, celle en émulseur est de 200 ou 300 litres et une option « poudre » est possible (250 kg). La pompe peut débiter 21 m^3/h sous 40 bars et 170 m^3/h sous 10 bars.

Bombeiros et Firemen

LES VEHICULES DE POMPIERS ÉTRANGERS

Du plus simple au plus sophistiqué, les véhicules de sapeurs-pompiers sont révélateurs de la richesse des pays autant que de leur sensibilisation aux problèmes des secours, et tout particulièrement la lutte contre les incendies.

FPT chinois sur châssis Jiefang.

FPT-SR Dennis « Rapier » des sapeurs-pompiers britanniques.

EPA 30 surbaissée Magirus sur châssis Iveco.

PTLF « Leguan » 60/40/40/30 de la firme Rosenbauer. 35 tonnes, 350 chevaux, motricité 8x4, essieux directeurs avant et arrière... Il est armé de 4000 litres d'eau, 4000 litres d'émulseur, 3 tonnes de poudre et 300 kg de CO^2 avec deux canons « eau et mousse », 7 dévidoirs tournants, 2 dévidoirs mobiles, des douches de décontamination, un groupe électrogène, 4000 watts d'éclairage... Ce véritable monstre a été réalisé pour les sapeurs-pompiers d'une usine chimique en Allemagne.

Un « Triple-combination » en intervention nocturne à Portland.

Le « Triple-combination » est un véhicule de secours typiquement américain qui cumule les fonctions d'un F.P.T., fourgon-pompe tonne et d'un D.A ., Dévidoir automobile. Très commun aux USA, les « Triple-combination » sont particulièrement imposants, tant par leurs dimensions et la puissance de leurs moteurs que par leurs capacités d'emport et de déploiement.

Backdraft

LA SUPER PUISSANCE AMÉRICAINE

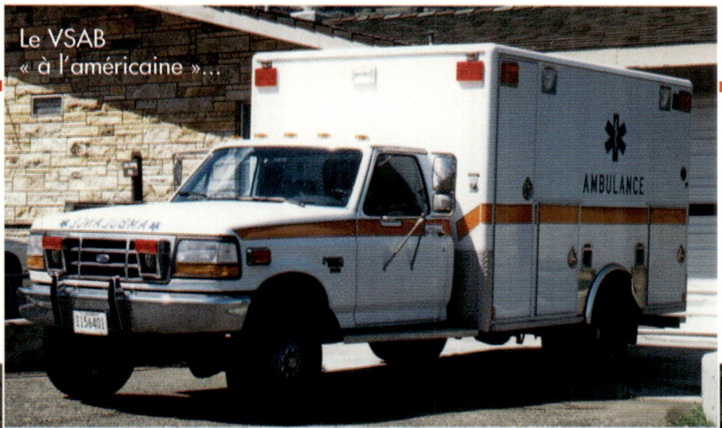

Le VSAB
« à l'américaine »...

Les « Rescue » sont les équivalents
de nos FSR, fourgons de secours routier.

Véhicule de liaison armé par le
« Rockville Volunteers Fire Department ».

Les véhicules comme les matériels sont à la dimension de ce grand pays. Les VSAB sont de véritables monstres dotés de toute l'assistance médicale possible et les « Triple-combination » des engins dignes d'un convoi exceptionnel. La démesure et l'abondance de ces matériels ne doivent pas nous faire oublier que comme partout dans le monde, l'homme est en première ligne.

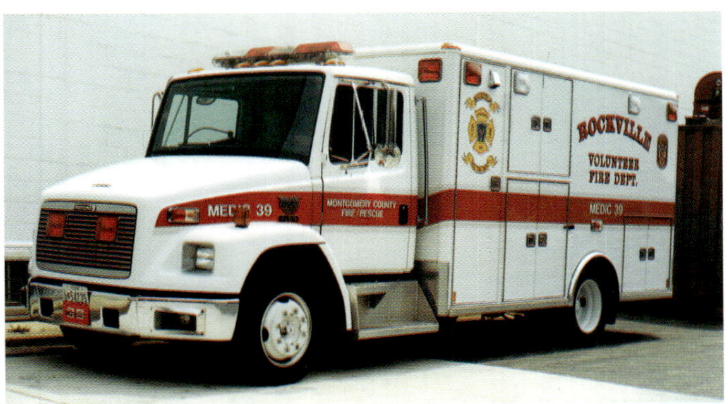

Il existe aussi des « ambulances » d'un type beaucoup plus lourd.
Celle-ci est montée sur châssis Freightliner.

Autre véhicule très courant aux Etats-unis, les « Quick Attack Pumpers ». Fourgons de type premier secours, ils sont équipés d'une pompe et d'une réserve d'eau pouvant atteindre 2 500 litres. Ils interviennent en premier départ. Celui-ci est armé par les sapeurs-pompiers volontaires de Helena.

La jungle des sigles

Comme tous les professionnels utilisant des matériels ou des techniques complexes, les sapeurs-pompiers se servent de sigles ou d'abréviations précises pour les distinguer et pour communiquer plus rapidement. Parmi les innombrables termes ainsi créés et utilisés au quotidien, nous avons retenu les plus couramment employés.

ARI - Appareil Respiratoire Isolant
AVP - Accident sur la Voie Publique
BAL - Binôme d'ALimentation
BAT - Binôme d'ATtaque
BLP - Bateau de Lutte contre la Pollution
BRQ - Bulletin de Renseignements Quotidiens
CAD - Culture Administrative
CASDIS - Conseil d'Administration du Service Départemental d'Incendie et de Secours
CBEA - Camion Bras Elévateur Articulé
CCF - Camion-Citerne Forestier
CCI - Camion-Citerne Incendie
CCGC - Camion-Citerne à Grande Capacité
CD - Camion Dévidoir
CECH - CEllule intervention risque Chimique
CEEV - CEllule Eclairage Ventilation
CEFOR - Cellule manoeuvres de FORce
CELAR - CELlule d'Assistance Respiratoire
CEPGP - CEllule Pompe Grande Puissance
CESD - Camion Etaiement Sauvetage Déblaiement
CEVEM - Cellule Electro Ventilation Mousse
CG - Camion-Grue
CHU - Centre Hospitalier Universitaire
CHR - Centre Hospitalier Régional
CI - Centre d'Intervention
CIRPD - Cellule d'Intervention Radiologique et Produits Dangereux
CLEM - Cellule Lance Eau Mousse
CMIR - Cellule Mobile d'Intervention Radiologique
CODIS - Centre Opérationnel Départemental d'Incendie et de Secours
COM - Communication
COS - Commandement des Opérations de Secours
COZAD - Cente Opérationnel Zonal d'Aide à la Décision
CPI - Centre de Première Intervention
CS - Centre de Secours
CSP - Centre de Secours Principal
CTA - Centre de Traitement des Alertes
DA - Dévidoir Automobile
DAL - Dévidoir Automobile Lourd
DCD - Personne décédée
DIV - Opérations DIVerses
DOS - Directeur des Opérations de Secours
EA - Echelle Automatique
EG - Etat Grave (pour une victime)
EMP - Echelle Motorisée sur Porteur
EMZD - Etat-Major de la Zone de Défense
EPA - Echelle Pivotante Automatique
EPSA - Echelle Pivotante Semi-Automatique
ER - Echelle Remorquable
ERP - Etablissement Recevant du Public
ERP - Emetteur Radio Portatif
ESG - Etat Sans Gravité (pour une victime)
FEV - Fourgon d'Eclairage et Ventilation
FIA - Formation Initiale d'Application
FM - Fourgon-Mousse
FM - Fourgon Mixte
FMOGP - Fourgon-Mousse Grande Puissance
FOR - Formation de formateur

De ARI à VTU

LE LANGAGE PROFESSIONNEL

FPT - Fourgon-Pompe-Tonne
FPTHC - Fourgon-Pompe-Tonne Hors Chemin
FPTL - Fourgon-Pompe-Tonne léger
FSR - Fourgon de Secours Routier
FTEX - Fourgon Tri EXtincteur
GAD - Gestion Administrative
GEP - Groupe Electrogène Portatif
GFC - Gestion Financière et Complémentaire
GL - Grosse Lance
GOC - Gestion Opérationnelle et Commandement
GRH - Gestion des Ressources Humaines
GRIMP - Groupe de Recherche et d'Intervention en Milieu Périlleux
IAD - Inspecteur Adjoint au Directeur
IGH - Immeuble de Grande Hauteur
INC - Incendie
LDT - Lance Dévidoir Tournant
LDV - Lance à Débit Variable
LMD - Lance Multi-Débit
LMR - Lance Monitor Remorquable
MEA - Matériel d'Elévation Automatique
MNG - Management
MPR - Moto-Pompe Remorquable
MPREP - Moto-Pompe Remorquable d'EPuisement
MPRGP - Moto-Pompe Remorquable à Grande Puissance
PEV - Protection-Epuisement-Ventilation
PL - Petite Lance
PLS - Position Latérale de Sécurité
PMA - Poste Médical Avancé
PSE - Premier Secours Evacuation
REP - Relations publiques
RIA - Robinet d'incendie Armé
RLM - Remorque Lance Monitor
RTN - Risques technologiques et naturels
SAMU - Service d'Aide Médicale d'Urgence
SAP - Secours à personnes
SDACR - Schéma Départemental d'Analyse et de Couverture des Risques
SMUR - Service Médical d'URgence
SPO - Sport
SSSM - Service de Santé et Secours Médical
TOP - Techniques opérationnelles
ULP - Unité de Lutte contre les Pollutions
UTP - Unité de Transport Polyvalent
VAR - Véhicule d'Assistance Respiratoire
VCH - Véhicule d'intervention Chimique
VEMA - Véhicules à Eléments Modulaires Amovibles
VGD - Ventilateur Grand Débit
VLC - Véhicule Léger de Commandement
VLCC - Véhicule Léger du Commandant de Compagnie
VLCI - Véhicule Léger du Chef du centre d'Intervention
VLM- Véhicule Léger Médicalisé
VOG - Véhicule Officier de Garde
VPC - Véhicule Poste de Commandement
VPI - Véhicule de Première Intervention
VPL - Véhicule PLongeur
VPO - Véhicule extincteur à POudre
VPRO - Véhicule de PROtection
VR - Véhicule d'intervention Radioactivité
VRM - Véhicule Radio-Médicalisé
VSAB - Véhicule de Secours aux Asphyxiés et Blessés
VSD - Véhicule de Sauvetage Déblaiement
VSM - Véhicule de Secours Médical
VSR - Véhicule de Secours Routier
VTP - Véhicule de Transport du Personnel
VTU - Véhicule Toutes Utilisations

Comme le « louchébem » était le langage corporatif employé par les bouchers au siècle dernier pour communiquer à l'abri des oreilles indiscrètes, les sapeurs-pompiers ont développé certaines expressions qui leur sont propres. Souvent dérivées de la pratique au quotidien et d'expressions populaires, elles sont le « parler vrai » de la profession.

Binôme
C'est l'équipe de base de toute intervention. Formé d'un chef d'équipe et d'un servant, le binôme effectue les missions confiées par le chef d'agrès.

Blaster
Se faire « blaster » (mot de langue anglaise), c'est subir les traumatismes provoqués par le souffle d'une explosion. Un « blasté » est souvent en état de choc et polytraumatisé : difficultés respiratoires, brûlures...

Cambuse
La cambuse des sapeurs-pompiers c'est un peu la « roulante » des militaires. Lors d'interventions longues hors du centre, les repas sont directement acheminés sur le lieu de l'intervention. La pause et le repas sont des éléments importants du moral et donc de l'efficacité des équipes.

Capeler
Directement dérivé du matelotage marin, le terme « capeler » s'applique surtout quand on ajuste un ARI, Appareil respiratoire isolant sur le dos.

Casimir
Il est de couleur orange avec un aspect très rebondi et il a fait les délices des « enfants de la télé » dans les années 70. Ne cherchez pas c'est Casimir. Même silhouette rebondie, même couleur orange, c'est la tenue GR portée par les personnels de la CMIC, la cellule chimique. Elle s'appelle donc tout naturellement Casimir. Pour des raisons restées un peu obscures, certains corps l'appellent « Tenue Shadok ».

Casimir (bis)
Casimir est aussi l'appellation courante utilisée dans les années 60 pour les bâtons d'éclairage. Techniquement répertorié sous l'abréviation de BAD, pour Bâton Acétylène Dissous, les bâtons d'éclairage étaient des tubes métalliques chargés à l'acétylène qui généraient une lumière intense de couleur blanche à jaune pâle, idéale pour illuminer les chantiers de nuit.

Commande
Une commande est un cordage de chanvre de 25 mètres aux très nombreuses utilisations : arrimage de matériels, « ligne de vie », sauvetage, bien que celle-ci soit de moins en moins utilisée au profit du lot de sauvetage plus efficace et plus sûr.

Conditionner
Le terme a deux acceptions. C'est préparer un blessé avant son transport. Par exemple, dans un VSAB en lui posant des pansements provisoires, un « goutte-à-goutte », une attelle... C'est aussi effectuer l'armement d'un engin de secours, c'est-à-dire de l'équiper de tout son matériel de dotation. « Reconditionnez » est l'ordre reçu en fin d'intervention pour remettre tout en place : tuyaux, raccords, divisions, matériels divers... utilisés pendant l'opération.

Cracher
Se dit de l'action de projeter de l'eau avec sa lance. Exemple : « Attention la GL (grosse lance) est établie, ça va cracher !... »

Crâne
Surtout utilisé dans l'expression « ça crâne ! » qui signifie que l'incendie est violent, en un mot que « ça brûle sec ! »...

Déboyauter
C'est dérouler une ligne de tuyau de 110 mm - ou de 150 pour les plus gros - à partir d'un DA, Dévidoir automobile, ou d'un DAL, Dévidoir automobile lourd, véhicules emportant un ou plusieurs kilomètres de tuyaux raccordés pour assurer l'alimentation des pompes et des engins. Le terme est vraiment explicite pour qui a vu l'opération se « dérouler ».

Décaler
Terme utilisé pour évoquer le départ d'un engin. L'expression est empruntée à l'action de retirer les cales de bois qui assuraient la pompe et les voitures de secours dans les garages au temps de la traction hippomobile. Les freins de parking ont remplacé les cales mais l'expression est restée.

Delta Charlie Delta
En code phonique international (Alpha pour la lettre A, Beta pour B, Charlie pour C...) Delta Charlie Delta signifie DCD (décédé). Lors d'une intervention, les sapeurs-pompiers peuvent ainsi rendre compte discrètement de l'état de la victime sans susciter l'émoi chez les témoins ou spectateurs présents.

Emmanuelle
Est-ce son élégance légère ou sa couleur rose qui ont fait surnommer la tenue portée par la CMIR du prénom « Emmanuelle » ?... Les amateurs des célèbres films de Just Jaeckin avec la troublante Sylvia Kristel apprécieront.

Etablissez !
Ordre donné pour disposer les tuyaux depuis le point d'eau (borne, poteau ou plan d'eau) jusqu'au point d'attaque.

« ça déboyaute ! »

L E   L A N G A G E   C O U R A N T

Etrangleur
Accessoire hydraulique constitué d'une sorte de pince à vis permettant de réguler le débit d'un tuyau, voire de couper l'arrivée de l'eau. Par exemple en cas de fuite pendant une intervention.

Extinction
Eteindre un incendie passe par trois étapes successives qui font appel à un vocabulaire très précis. En premier, « Feu circonscrit » indique que le lieu du sinistre est entièrement entouré d'un nombre judicieux de lances. Ensuite, « Maître du feu » signale que le feu ne peut matériellement plus prendre d'extension. Ultime étape avec « Feu éteint » qui signe la disparition du foyer principal. Seuls, peuvent éventuellement subsister quelques flammes et des débris incandescents sous contrôle.

Flash
Comme son nom l'indique, un flash thermique est l'élévation brutale de la lumière et de la chaleur à la suite d'une inflammation brutale (d'un hydrocarbure par exemple) ou d'une explosion. Le casque F1 est doté d'un écran spécial recouvert d'or que l'on peut abaisser pour en atténuer les effets.

Fontainier
Un bien joli nom, quoique un peu désuet, pour qualifier l'agent chargé de la mise en œuvre et de la bonne marche de la pompe (vitesse, pression...) sur un engin porteur d'eau.

Ligne
Se dit de l'ensemble des tuyaux et des accessoires hydrauliques permettant d'amener l'eau. La ligne peut être de 45, 70 ou 110 (diamètre en millimètres des tuyaux).

Percuter
Avoir immédiatement et précisément l'inspiration et le sens de l'action à entreprendre dans une situation urgente. Exemple : « Devant la pâleur de la victime, le sergent a immédiatement percuté ».

Piscine
La piscine, c'est la bâche en plastique armé pouvant contenir plusieurs milliers de litres d'eau et que le CCGC, Camion-Citerne Grande Capacité, dépose et remplit comme point d'approvisionnement des véhicules d'attaque.

Pissette
C'est le surnom donné à la LDT ou Lance de Dévidoir Tournant qui équipe les véhicules porteurs d'eau comme par exemple les FPT, fourgon-pompe tonne. Elle est immédiatement utilisable à l'arrivée sur les lieux du sinistre pour la reconnaissance ou l'attaque de feux naissants ou limités. Sa faible puissance explique le terme un peu méprisant.

Plan Rouge
Système d'organisation et d'harmonisation des secours dans le cas d'une catastrophe ou d'un accident impliquant plus de 10 personnes. Le Plan Rouge réunit des moyens très importants tant en personnel qu'en matériels et en structures spécialisées.

Pliez, démontez, roulez !
C'est la phrase rituelle qui annonce la fin de l'opération et qu'il ne reste plus aux sapeurs-pompiers qu'à... tout ranger.

Polycoise
C'est la « clé qui ouvre tout ». De forme complexe, elle tend à remplacer la tricoise (voir ce mot) en élargissant ses possibilités d'intervention.

Pucelle
Insigne métallique porté par tout sapeur-pompier sur sa tenue de ville ou de cérémonie. La pucelle reprend souvent le blason du département ou le logo du service d'incendie et de secours, quelquefois agrémenté des distinctives « sapeurs-pompiers » : casque, lance, hache....

Riffer
S'emploie sutout dans l'expression « faire un bon riff » qui signifie « faire un beau feu ». L'adjectif « beau » étant pris dans le côté exceptionnel et spectaculaire, voire difficile à maîtriser, d'un incendie.

Sauterelle
C'est le nom familier donné au système de commande qui permet le remplissage de la tonne d'un FPT directement au moyen de la pompe.

Tricoise
Type d'outil universel porté par les sapeurs-pompiers et permettant de relier des tuyaux, d'ouvrir les coffrets de gaz, les fenêtres... Les tricoises existent en trois formats : 40, 65 et 100.

Veste de peau
On dit aussi « cuir » ou « paletot de cuir », même si aujourd'hui les matières synthétiques ont commencé à remplacer le cuir dans la composition des vêtements de protection.

RENAULT
18
177 AOH 77

Les risques du métier

UN METIER DANGEREUX ET INSALUBRE

A titre d'exemple, prenons les chiffres concernant l'année 1997. Aux 21 sapeurs-pompiers décédés, il faut ajouter 5 026 blessés dont 942 graves. Cette triste réalité des chiffres montre bien l'existence du risque qui accompagne chaque sapeur-pompier au quotidien. En cette fin de millénaire force est de constater que ce risque a pris des formes nouvelles souvent peu ou pas du tout reconnues. Les risques « classiques » de la profession que sont l'incendie, l'explosion de gaz, l'éboulement ont été peu à peu remplacés par les accidents de la route, les risques de contamination chimique ou médicale, le stress, voire même les agressions dont sont victimes les sapeurs-pompiers qui interviennent dans certains secteurs difficiles.

Chaque année, ce sont des centaines de blessés, de brûlés, d'intoxiqués par les gaz qui composent la cohorte de ceux qui portent dans leurs chairs ces notions de courage et de dévouement qu'ils ont choisies comme éthique de vie.

Victimes de leur courage et de leur dévouement

1998	19
1997	21
1996	16
1995	21
1994	21
1993	20
1992	14
1991	24
1990	32

Et demain...

EN GUISE DE CONCLUSION

Oui, quel avenir demain pour notre système d'incendie et de secours.
Certes, il est perfectible tant dans l'organisation que dans l'efficacité et les performances des hommes, des matériels et des structures. Le principe même du volontariat, couplé à l'action de professionnels, même s'il suscite parfois des interrogations et vit quelques moments difficiles est incontestablement la solution la plus efficace pour assurer à notre pays une couverture optimum des risques et un véritable service public.
Au moment pour moi de « plier, démonter, rouler », je garde une profonde confiance dans cette institution dont les fondements reposent sur les notions les plus pures d'abnégation, de solidarité et d'entraide.
Le côté technologique de la profession, partout présent dans ce livre, ne doit pas masquer la réalité des actes individuels et l'implication de tous les sapeurs-pompiers, qu'ils soient agents, sous-officiers, ou officiers, homme ou femme, vétérans ou jeunes sapeurs-pompiers.
A tous, pour les avoir côtoyés et appris à mieux les connaître, je ne dirai qu'un seul mot : Merci.
Merci pour tenir la main de la personne incarcérée dans sa voiture,
Merci pour la famille évacuée par la grande échelle,
Merci pour la détresse simplement réconfortée,
Merci pour le troupeau sauvé de l'inondation,
Merci pour tous ces gestes à la fois chaleureux et professionnels,
En conclusion,
Merci pour cette humanité et cette présence qui rassurent notre quotidien.

Allô 18...

LES GESTES QUI SAUVENT.

BIEN DONNER L'ALERTE...

Pour un incendie
Indiquez :
- l'adresse exacte : la commune, la rue, le numéro, l'étage...
- le motif : s'agit-il d'un feu de poubelles, de magasin, d'appartement, de bâtiment...
- les précisions : flammes visibles, personnes en difficulté...

Pour un accident de la route
Indiquez :
- le lieu : sur autoroute, sens et point kilométrique...
- le nombre et le type de véhicules en cause
- les précisions : implication de camions, personnes bloquées, dangers particuliers...

Pour un malaise, une blessure
Indiquez :
- l'adresse précise
- l'état de conscience de la victime : respire-t-elle, parle-t-elle, âge supposé, malaise ou accident...
- les précisions : saignement important, déformation de membre, violence du choc...

Numéros d'urgence

Dans toute l'Europe :	112
SAMU :	15
Police / Gendarmerie :	17
Sapeurs-pompiers :	18

EN CAS D'INCENDIE

1 - Donnez l'alerte.
2 - Si vous ne pouvez l'éteindre, éloignez-vous en empruntant un itinéraire sûr, reconnu à l'avance. N'employez jamais l'ascenseur. Si la cage d'escalier est en feu, barricadez-vous en fermant les portes et en les calfeutrant avec des linges mouillés. Une porte calfeutrée et arrosée peut résister plusieurs dizaines de minutes à l'action des flammes.
3 - Coupez le gaz au compteur pour le gaz de ville, au robinet pour les bouteilles.
4 - Isolez le feu en fermant toutes les portes. Evitez d'ouvrir les fenêtres pouvant provoquer un appel d'air mais signalez votre présence aux personnes à l'extérieur.

Méfiez-vous des fumées et des gaz chauds qui sont très dangereux. Protégez-vous de leur action qui peut être mortelle en vous mettant un linge humide sur le nez et la bouche et en vous accroupissant au plus près du sol, l'air y est plus respirable.
Les incendies provoquent 170 décès par an.

Sur 100 incendies,
28 concernent la cuisine,
20, la cave,
17, le vide-ordures,
15, la chambre à coucher,
et 12, la salle de séjour.

EN CAS D'ACCIDENT

À la maison, à l'extérieur ou sur la route, pensez à faire « le premier PAS ».

Le premier PAS : P comme protéger...

Il faut éviter que l'accident en cours n'en provoque un second.
Dans la maison, en cas d'une asphyxie, coupez le gaz, ventilez la pièce, n'utilisez pas la sonnette, le téléphone ou un appareil électrique.
Dans le cas d'un accident de la route, balisez la chaussée à 100 mètres de l'accident avec vos feux de détresse, triangle, lampe de poche...
Débranchez la batterie du véhicule accidenté.
Tenez un extincteur à proximité immédiate.

...A comme alerter...

Prévenez rapidement et sans hésiter les secours.
Plusieurs appels valent mieux que pas du tout.

...S comme secourir.

C'est connaître les gestes de survie et les pratiquer : bouche à bouche, mise en position latérale de sécurité, compression antihémorragique...
Si vous ne maîtrisez pas ces gestes, prenez des mesures d'attente comme couvrir et réconforter la victime. Evitez tout geste dangereux pour la victime. Ne transportez pas vous-même un blessé à l'hôpital mais attendez les secours.

EN CAS DE FEU DE FORÊT

1 - Fermez portes, fenêtres et volets de l'habitation afin d'éviter que l'embrasement ne gagne l'intérieur. Arrosez-les sans vous exposer.
2 - Eteignez immédiatement tout brandon enflammé. Une simple casserole d'eau peut suffire.
3 - Mettez-vous à l'abri mais ne fuyez jamais à pied devant les flammes.
4 - Isolez-vous de la fumée en vous protégeant la bouche et le nez avec un linge humide.

L'oxyde de carbone
C'est un gaz asphyxiant d'autant plus dangereux qu'il est totalement invisible et inodore. Il est présent dans la cuisine, dans le garage et en général dans toutes les pièces où fonctionne un appareil au gaz ou un moteur à explosion. Un seul remède : la ventilation.
Aérez abondamment la pièce en ouvrant portes et fenêtres lors de l'utilisation de ces appareils qu'ils soient de chauffage ou de cuisson. N'oubliez pas qu'une automobile dont le moteur tourne dans un local fermé ou mal aéré est une véritable centrale de production d'oxyde de carbone.

Merci

Difficile de pouvoir citer ici tous les sapeurs-pompiers qui m'ont aidé à réaliser ce travail. Que tous ceux que j'ai côtoyés, souvent intéressés, toujours sollicités au cours de mes déplacements et dans mes recherches reçoivent ici l'expression de ma gratitude.
Certains méritent une mention particulière tant leur implication dans la conception et la documentation de cet ouvrage a été importante.
Je citerai

au groupement des sapeurs-pompiers de Rennes
- le colonel Jean-Pierre Verdevoye, directeur du SDIS 35
- le lieutenant-colonel Hervé Rival
- le commandant Jean-François Gouy
- le lieutenant Peggy Lepeltier
- le lieutenant Yves Lebreton
- l'adjudant-chef Philippe Orvain

au corps des sapeurs-pompiers de l'agglomération nantaise
- le lieutenant-colonel Guy Freslon
- le lieutenant-colonel Jean-François Schmauch
- le commandant Stéphane Niaud
- le lieutenant Sandrine Boucard
- le lieutenant Alain
- le lieutenant Hugo Bossis
- le sergent Yves Herbert

au service départemental d'incendie et de secours de Seine-et-Marne
- le colonel Gilles Armadans

au service départemental d'incendie et de secours de Seine-Maritime
- le colonel Alain Gentric

Une mention toute particulière pour tous ceux qui m'ont accordé beaucoup de leur temps pour approfondir, corriger et compléter mes travaux :
Le sous-directeur du SDIS 44, le lieutenant-colonel Jean-François Schmauch pour son écoute, sa patience et sa connaissance encyclopédique des sapeurs-pompiers et des véhicules du monde entier.
Le lieutenant-colonel Hervé Rival pour sa relecture attentive et ses corrections indispensables à la précision de l'ouvrage.
Le Commandant Jean-François Gouy, pour son abondante documentation et son souci de l'actualisation.
L'adjudant-chef Philippe Orvain, pour m'avoir souvent accompagné et toujours guidé avec le sourire dans mes recherches... et sur le terrain.
Le sergent Yves Herbert, créateur et responsable du très beau musée des sapeurs-pompiers de l'agglomération nantaise qui a sacrifié de nombreuses heures pour m'aider avec beaucoup de compétence et de gentillesse à réunir et à photographier les plus belles pièces historiques.

A tous, un grand merci.

Un merci très appuyé aux sapeurs-pompiers des cellules audiovisuelles des différents corps qui collectent chaque jour les images qui font progresser l'efficacité de leurs missions et la compréhension de leur dévouement au quotidien. Sans leur action et leur implication, des livres tels que celui-ci ne pourraient exister.
Ce livre leur est particulièrement dédié et en tout premier chef à l'adjudant-chef Jacques Gouéry du SDIS 35 qui m'a accompagné et aidé tout au long de ma recherche iconographique.
Sans oublier bien sûr :

au SDIS 35
- le caporal Cathy Herbert

au SDIS 44 / Nantes
- l'adjudant-chef Jacques Corbart
- le sapeur Sébastien Thilly

au SDIS 76 / Rouen
- le lieutenant Christophe Margrit
- le caporal Patrick Lazou
- Pierre Baruc

au SDIS 77 / Melun
- Dominique Blanchard
- Jean-Paul Rettig
- l'adjudant-chef Denis Rodot
- le caporal-chef Jean-Pierre Cadaut
- le caporal Bruno Tricoret
- Katia Chibon

Toute ma gratitude au lieutenant-colonel Jean-François Schmauch et à son fils Grégory pour avoir illustré l'ensemble du chapitre consacré aux sapeurs-pompiers étrangers.

Crédit photo

Le numéro indique la page.
Les lettres h, m et b, haut, milieu et bas, les lettres g, c et d, gauche, centre et droite pour permettre de mieux situer la photo dans la page. (« 65 bd » se lit : page 65 photo en bas à droite.)
- SDIS 35 / Jacques Gouéry et Cathy Herbert : 25 bg / 28 hg / 29 / 44-45 / 46 m / 49 hg - m / 55 hg - hd - bg / 56 hg - hd - m / 57 hg / 59 hd /67 bd / 68 hd / 69 mg - bc / 74 hd / 75 hg - mg - mc / 77 hd / 80 hg - hd / 84 md / 87 hd / 88 hg - hd / 89 hg / 92 bd / 93 bd / 97 bg - bd / 100 - 101 / 107 hd / 109 hg / 115 hg / 116 mg - bd / 120 bd / 122 bc / 124 bd / 139
- SDIS 44 / collectif, Jacques Corbart et Sébastien Thilly : 25 h / 28 bg /53 h / 54 hg / 68 hc / 73 bg / 79 hg - bd / 80 mg / 81 hg -b / 84 hd / 107 bd / 111 hd / 112 - 113 / 114 md /115 mc / 116 hg / 117 hd - mc /120 mc / 121 hm / 123 hd / 124 hg - mg / 125 md / 136 hg - bd / 137 mc
- SDIS 76 / collectif : 67 hg / 111 bg / 117 b / 136 bg /
- SDIS 77 / collectif : 30 hg - hd / 40 b /41 h /42 h / 46 hg - bg - bd / 48 /49 bg -bd / 50 bd / 51 bd / 54 hd - m / 62 hd - 62 bg / 63 hg / 65 hg / 66 hg / 68 hg /70 hg / 71 hg / 72 h / 75 bg / 78 hg / 81 bg / 84 bd / 85 hd / 86-87 / 88 mg - b / 91 hd / 92 hg - hc - bg / 93 mc / 96 hg - hd / 97 hd / 102 h / 103 bg / 108 h / 116 bg / 118 hd / 121 bg / 122 hd - bd / 123 mg / 124 bg - md / 125 hd - mh - bd / 136 hg - hd / 137 hd - bd

Jean-François et Grégory Schmauch - 122-123 / 124-125 / 126-127
Toutes les autres photos - matériels et interventions - sont de l'auteur.
Par avance, toutes mes excuses si une omission ou une inversion a pu se glisser dans ce récapitulatif.

Cet ouvrage a été achevé d'imprimer en France par Mame Imprimeurs à Tours (n° 09092271)
ISBN 978-2-7373-3629-4 - N° d'éditeur : 4830.05.02.10.09
Dépôt légal : octobre 2004

SAPEURS-POMPIERS